普通高等教育“十三五”规划教材

电子信息类专业创新实践教程

范　瑜　徐　健　钱　斌
潘启勇　冀　宏　张根华　编著

科学出版社
北　京

内 容 简 介

本书以生产生活和工程应用为背景，理论结合实践，理解电子系统构建的基本思想和方法，掌握电子制作与设计的基本方法和基本技能，通过课题设计实践，启发学生创新思维，提高学生的实践创新能力。本书主要内容包括声音信号的产生和观测、灰度传感器的原理和应用、电机驱动和简易小车制作、红外测距传感器和避障应用电路，以及两个综合案例设计。

本书可作为普通高校电子信息类专业本科一年级学生的教材，也可作为大学生创新课程和学科竞赛的辅导书，还可供相关专业的工程技术人员参考。

图书在版编目(CIP)数据

电子信息类专业创新实践教程/范瑜等编著. —北京：科学出版社，2016.12

普通高等教育“十三五”规划教材

ISBN 978-7-03-051305-2

Ⅰ. ①电… Ⅱ. ①范… Ⅲ. ①电子信息-高等学校-教材 Ⅳ. ①G203

中国版本图书馆 CIP 数据核字(2016)第 313593 号

责任编辑：余 江 张丽花 / 责任校对：桂伟利

责任印制：张 伟 / 封面设计：迷底书装

科学出版社出版

北京东黄城根北街 16 号

邮政编码：100717

http://www.sciencep.com

北京虎彩文化传播有限公司印刷

科学出版社发行 各地新华书店经销

*

2016 年 12 月第 一 版 开本：720×1000 B5

2018 年 6 月第二次印刷 印张：12 1/4

字数：247 000

定价：39.00 元

(如有印装质量问题，我社负责调换)

前　言

创新教育是以培养大学生创新意识、创新精神、创新思维、创造力或创新人格等创新素质为目的的一切教育活动。联合国教科文组织在“21 世纪的高等教育：展望与行动”中提出“要有以学生为中心的新视角和新模式，使学生能够以批判精神思考和分析社会问题，寻求解决的办法；重新设置课程，立足学生获得技能、才干和交往的能力”，明确了创新能力培养在高等教育中的重要性。教育部《关于全面提高高等教育质量的若干意见》明确要求创新人才培养模式，将创新教育贯穿本科人才培养全过程，制定创新教育教学基本要求，开发创新类课程，纳入学分管理，鼓励和支持本科生参与科研活动，早进课题，早进实验室，早进团队，完善国家、地方、高校三级创新项目资助体系，重点建设一批高校学生科技创新创业实习基地。高校创新教育的实施是社会主义核心价值体系的明确要求，是促进自身可持续发展的现实需要，是提高大学生综合素质的关键所在。

本书主要关注的是电子信息类本科专业的创新教育，当您翻开这本书，一个丰富、充满活力和创造性思维的电子科学创新世界已向您敞开。在这里，通过课题知识点的拆分和组合，您将领略到电子创新技术和创造性思维。

电子信息产业是国民经济的战略性、基础性、先导性产业，是加快工业转型升级及国民经济和社会信息化建设的技术支撑与物质基础。同时，电子信息产业也是整个国家推动创新驱动发展的最主要方向，无论是德国工业 4.0 还是中国制造 2025，无不是依靠电子信息领域的创新发展来驱动的。经过几十年的发展，电子信息产业早已是名副其实的国民经济第一大支柱产业，也是国家重点发展的六大战略性支柱产业之一。在通信、高性能计算机、数字电视等领域也取得一系列重大技术突破，形成一批国际知名的信息技术企业，如联想、华为、阿里巴巴等，成为推动我国经济转型、结构优化的中坚力量。

虽然创新教育开始逐步进入本科生培养方案，但相关的专业教材仍然稀缺，为此，我们综合各方资料和课程自编讲义，历时两年编撰了本书。其内容来源于我们在专业创新教学中多年的积累，根据内容的层次递进与培养能力的逐级提升，将会有电子信息类专业创新课程的一个完整系列教材。您目前看到的是本系列第一本教材，主要面向本科一年级的学生，适用于电子科学与技术、电子信息工程等相关专业，同样适合于对电子技术感兴趣的初学者。

本书前 3 章讲解一些基础的元器件、典型的仪器仪表和必要的 CAD 软件知识，作为基础的铺垫，供学生参考自学。读者最好配合实践环节，根据需要选择阅读，在实践中学习。

本书第 4 章开始讲述具体的实践内容。第 4 章主要介绍声音信号的产生和观测，带领初学者窥探声音信号在电子技术中的基本形式，通过对声音信号的观测，学习和了解电子信号的基本知识，学会利用基本的电子测量仪器进行信号测量，揭开电子技术的第一层面纱。

第 5 章介绍灰度传感器的原理和应用，学会这个就可以开始自己制作智能小车了，当然这只是万里长征的第一步。

第 6 章介绍电机驱动和简易小车制作，学生可以了解小车的动力部件，并且通过实践，搭建一部简易小车。

第 7 章介绍红外测距传感器和避障应用电路，带领学生去了解以红线测距传感器为基础的测距原理，并把它用于实际的障碍物检测中。

第 8、9 章中给出两个完整的综合课题案例。这两章实际上是前面章节的综合应用，通过知识点的拆分和重组，要求学生面对实际的应用环境设计课题。希望学生能够按照步骤亲手做一遍，肯定会有很多收获。

在本书最后，通过附录的形式，给出了相关学科竞赛的介绍和常熟理工学院 2013～2015 年校内大学生电子设计竞赛的试题，希望对读者起到开拓思路和巩固电子技术的作用。

在总的课时分配上，建议本课程按照 32 学时授课，第 4～7 章每章安排 4 个学时，大体 1 个学时理论，3 个学时实践，第 8 章和第 9 章每章 8 个学时，2 个学时理论，6 个学时实践，形成理论实践一体的授课方式。第 1～3 章及书中的仿宋字体内容、带*号的章节和习题，作为自学内容，由读者根据需要参阅学习。

本书涉及的创新课程体系及内容由范瑜、徐健、钱斌、潘启勇、冀宏、张根华等策划、制定和校审，本书内容主要由徐健编写并统稿。

作为一个完整的教育体系，大学生创新教育总体看还处于起步阶段，无论是教学内容还是教育方法都在不断地探索和完善中。我们将多年的积累编撰成书出版，无非是想抛砖引玉，让更多老师参与到大学生创新教育中来，更呼吁我们的学生积极参加创新活动。

多年来的大学生创新课程和学科竞赛活动得到了常熟理工学院各级领导的大力支持，在本书的素材选取、编辑、定稿成书的全过程中，学院和学校教务处领导多次关心工作进度，给予了极大帮助，没有他们的督促本书是很难完成的，在此表示衷心感谢。

特别感谢多年来参加学科竞赛的学生，他们为本书积累了丰富的第一手资料。感谢几年来选修创新课程的学生，他们对知识的无限渴求时时激励着我们不敢有丝毫懈怠。

由于时间紧迫，加上作者水平所限，书中难免存在不足与疏漏，恳请读者批评指正。

作 者

2016 年 11 月

于常熟理工学院东湖校区

目　录

第二篇 电子初学者的创新实验

第一篇 实践前的准备工作

第 1 章　认识器件和材料

在学习本书之前，必须花一些时间做准备，包括认识和熟悉元器件、测量仪器以及它们的基本使用规范。不仅如此，还要了解元器件在电路里的画法，学会看懂基本的电路原理图。另外，简要地掌握一些常规的电路设计软件也是非常必要的。

1.1　搜集电子元器件的信息

1.1.1　逛元器件市场

如果要了解较多的元器件知识，实体的元器件卖场是一个很好的认识实践场所，在上海和苏州可以到当地著名的赛格电子市场(图 1.1)，南京有华龙电子商城，图 1.2 是电子市场内部的展柜，这些地方几乎可以找到你需要的任何元器件。还有很多不知名的电子商店，都是当地电子爱好者淘宝的场所。

图 1.1　上海赛格电子市场

图 1.2　电子市场柜台

1.1.2　网络平台

在网络交易平台上，电子商品卖家将元器件信息悉数归类，方便客户选购，在“货架”上提供了快捷获取元器件的种类、外形、价格、参数等多种信息，是快速了解元器件的一种好途径。图 1.3 是淘宝网站上的电子店铺，分类齐全；图 1.4 是著名的一站式采购平台贸泽电子，互联网上还有很多类似的交易平台值得浏览和学习。

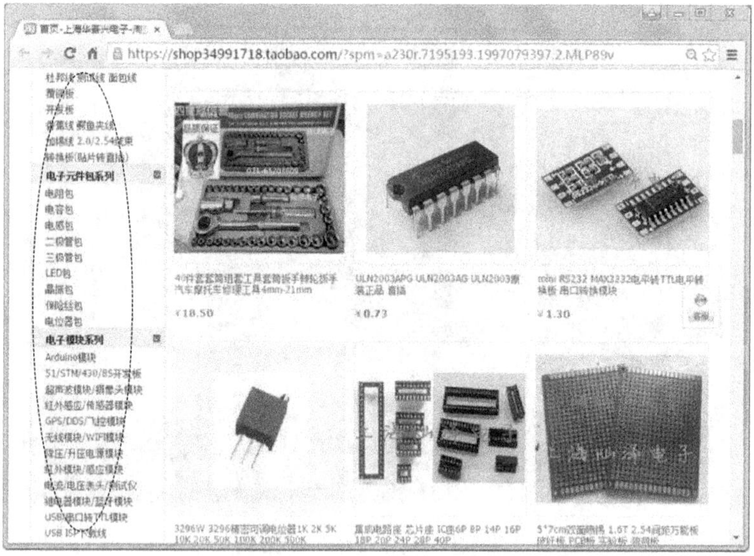

图 1.3　淘宝网站的电子店铺，有非常全的元器件分类

图 1.4　贸泽电子采购平台

电子网络平台获得的元器件信息直观简明，要想进一步了解电子元件和器材的信息，有时候还需要借助搜索引擎，从互联网搜索更多的综合信息。百度、必应等都是知名的搜索引擎，另外百度百科(图 1.5)和维基百科(图 1.6)都有丰富的知识集合，可以帮助读者更好地了解所需知识的背景和发展过程。

图 1.5　百度搜索和百度百科

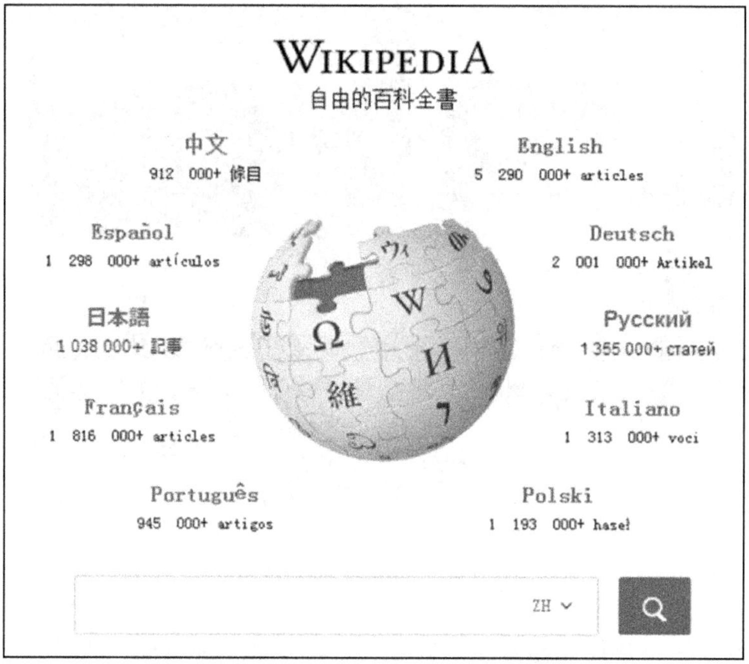

图 1.6　维基百科

1.1.3　电子展会

通过参加电子展，与电子企业零距离接触，能及时了解最前沿的元器件及电子技术动态。例如，中国电子展，每年会在上海、成都、深圳等地举办为期几天的展会，云集各类电子设计与制造商，展示最先进电子技术和产品信息，同期举办多种技术论坛，是一个学习提高的良好机会。图 1.7 是中国电子展的网站，可以查看相关的电子展信息。中国电子展针对团体参展有团队接待服务，组织非常有序。图 1.8 是组织学生参加 2016 年中国电子展时的合影。

直击“中电展”

中国电子展(中电展)始于 1964 年，是中国历史最悠久、最权威的电子行业展会。中国电子展以领先的基础电子技术，促进中国电子产业自主创新，与中国电子产业共同成长。中国电子展春、夏、秋三季配合，布局华南—中西部—华东，全年展览规模达到 $1.5\times10^5 m^2$，服务于 3C、工业和国防等应用行业。

中国电子展(CEF)是亚洲电子展览联盟(AEECC)五大成员之一，与日本电子展(CEATEC JAPAN)、韩国电子展(KES)、中国台湾电子展(Taitronics)、中国香港电子展(HK Electronics Fair)并称为亚洲五大电子展。成员之间的相互协作极大地提高了CEF在国际上的影响力。

图1.7　中国电子展网站

图1.8　组织学生参加第88届中国电子展(上海)

中国电子展展区有电阻电容器展区、连接器展区、集成电路展区、仪器仪表展区、新能源汽车电子展区、虚拟现实与增强现实展区、嵌入式系统展区、智能家居及智慧社区展区等。图1.9是中电展的展区集锦，参展产品除了元器件本身，也涉及航空、安防、医疗、汽车、照明等十多个领域的产品和技术(图1.10)。

图 1.9　中国电子展上有各类主题分区集锦

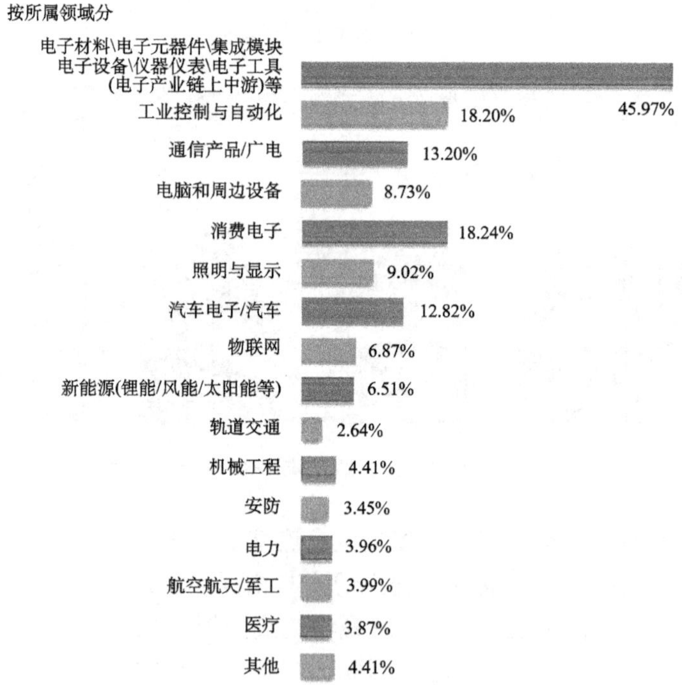

图 1.10　中国电子展对口领域参展数据[①]

①此图来源中电展官网数据，因产业有交叉，所以累计超过 100%。详见 http://shanghai.icef.com.cn/ExEdite49_14359.html。

1.1.4　官方网站和论坛

还有一种特别重要和专业的做法，就是直接查询元器件生产公司的官方网站，以获得最新的技术信息。特别对于指定的功能芯片，官方网站提供的技术手册是最专业和可信的。例如，要了解芯片 OP07 的资料，可以到德州仪器(TI)公司的官方网站 http://www.ti.com.cn 搜索查询，图 1.11 的 TI 公司网站查询器件 OP07 是从 TI 网站直接查询器件 OP07 的技术资料。

图 1.11　TI 公司网站查询器件 OP07

如果想快速查找多个元器件的数据手册，可以试试 ALLDATASHEET 网站(图 1.12)，这里提供了非常全的器件资料，一般都会有所需要的器件信息。

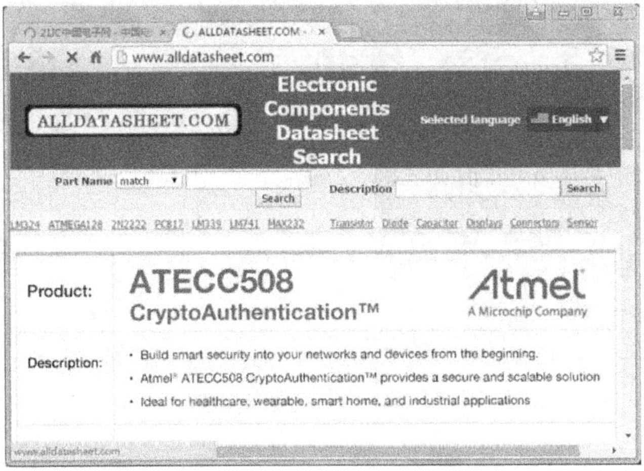

图 1.12　ALLDATASHEET 网站提供全面的技术手册查询

除此之外，一些讨论电子设计和电子技术的论坛，也是掌握电子知识的重要渠道，如 21ic(图 1.13)、电子发烧友(图 1.14)、中国电子 DIY 等，这里有很多初学者，同样聚集了不少技术高手。

图 1.13　中国电子网 21ic 论坛

图 1.14　电子发烧友论坛

要了解和掌握更多的元器件信息，还需要靠日积月累的实践和运用。作为初学者，掌握一些常规元器件的使用，特别是本书中涉及的元器件的知识显得更为实际和重要。

1.2　认识常规元器件

实验中用到的常规元器件包括电阻、电容、二极管、三极管等，其实物和电气符号如图 1.15 所示。此外，实验中还会用到光敏电阻、电压比较器等器件，将在具体的章节中详细介绍。在实际应用中，不管哪类常规元件，都需要了解其基本的规格和使用规范，掌握基础的应用方法。

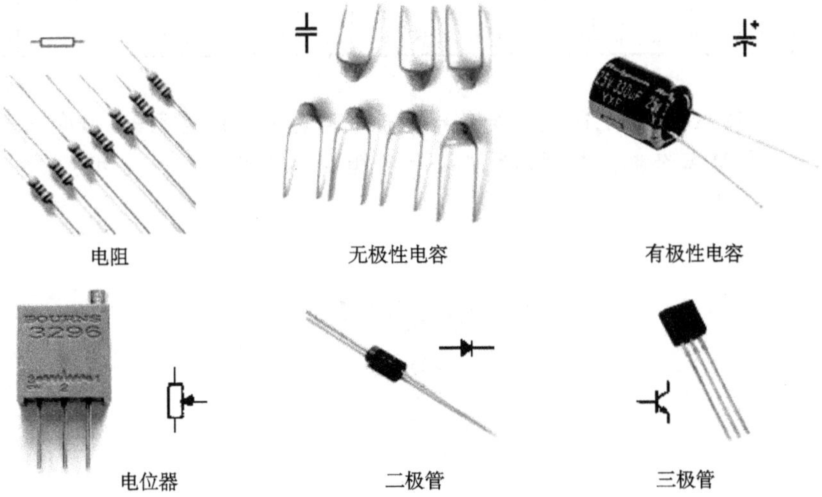

图 1.15　常用元器件及电气符号

1.2.1　电阻器、电位器

1. 电阻器概述

电阻器(Resistance)简称电阻，通常用“*R*”表示，电阻是描述导体导电性能的物理量。当导体两端的电压一定时，电阻越大，通过的电流就越小；反之，电阻越小，通过的电流就越大。因此，电阻的大小可以用来衡量导体对电流阻碍作用的强弱，即导电性能的好坏。电阻值与导体的材料、形状、体积以及周围环境等因素有关。

电阻基本单位是欧姆(Ω)、千欧(kΩ)、兆欧(MΩ)、吉欧(GΩ)。1000 欧(Ω)=

1 千欧(kΩ)，1000 千欧(kΩ)=1 兆欧(MΩ)，1000 兆欧(MΩ)=吉欧(GΩ)。

电阻的电气性能指标通常有标称阻值、误差与额定功率等，应根据不同的电路环境，选用不同的电阻参数。

小知识：电阻的种类

电阻可以由不同的材料制作完成，不同材料表现出的功率、耐压、精度、温度系数等都不尽相同，常见的电阻有碳膜电阻、金属膜电阻、金属氧化膜电阻、金属玻璃釉电阻(贴片电阻)、线绕电阻、水泥电阻、敏感电阻，此外还有排组、可调电阻等其他电阻形式。表 1.1 是电阻材料及相关的代表符号。

表 1.1　电阻材料及代表符号

符号	T	J	X	H	Y	C	S	I	N
材料	碳膜	金属膜	线绕	合成膜	氧化膜	沉积膜	有机实芯	玻璃釉膜	无机实芯

(1)碳膜电阻(图 1.16)。它是最早期也最普遍使用的电阻器，温度系数为负值，噪声大、精度等级低，各项参数都一般，但价格低廉，广泛应用于一般要求不高的电路场合中。

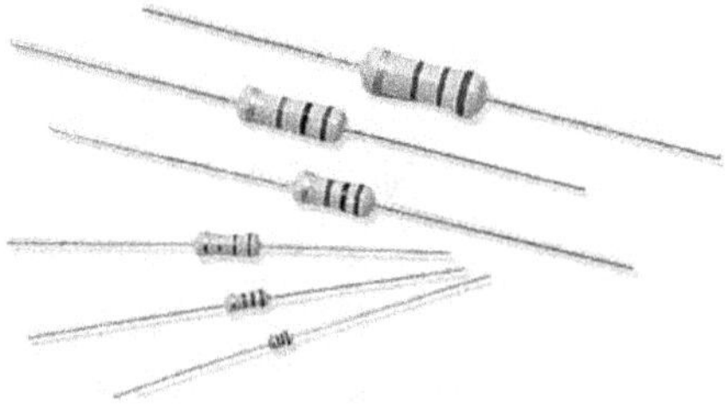

图 1.16　碳膜电阻

(2)金属膜电阻(图 1.17)。这种电阻和碳膜电阻相比，体积小、噪声低、稳定性好、精度高，但价格比碳膜电阻稍贵。常用于要求较高的电路，适合高频应用。

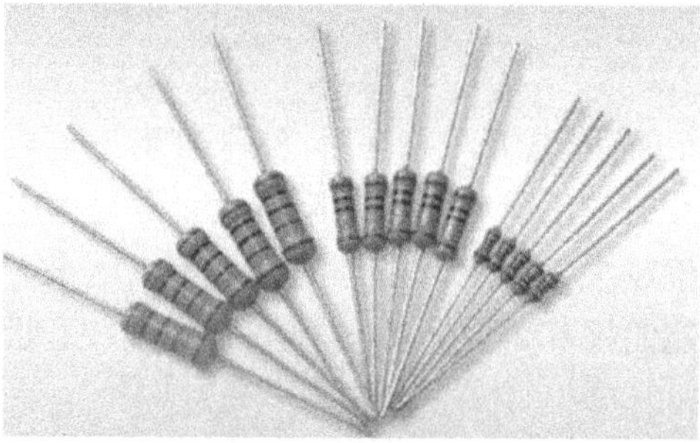

图 1.17　金属膜电阻

(3) 金属氧化膜电阻(图 1.18)。这种电阻外形与金属膜电阻相似，阻值范围较窄，在 1Ω~200kΩ 有极好的脉冲高频过负载特性，力学性能好，化学性能稳定，但温度系数比金属膜电阻差。

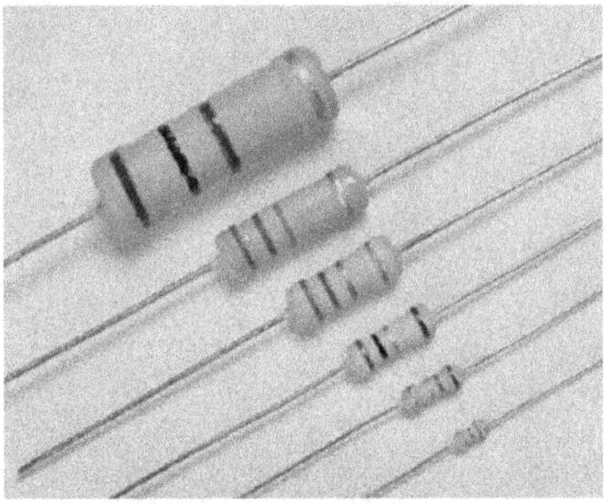

图 1.18　金属氧化膜电阻

(4) 金属玻璃釉电阻。将金属粉和玻璃釉粉混合，采用丝网印刷法印在基板上，耐潮湿、高温、温度系数小，主要应用于厚膜电路。贴片电阻是金属玻璃釉电阻的一种(图 1.19)，电阻表面被釉，抗污染性强，耐湿、绝缘度高，耐化学气体侵蚀，耐高温，温度系数小，可在恶劣环境下使用。贴片电阻，可极大地节约电路空间成本，使设计更精细化。

图 1.19　贴片电阻

(5) 线绕电阻(图 1.20)。线绕电阻可以制成精密型和功率型电阻，所以常在高精度或大功率电路中使用，但分布参数较大，不适合应用在高频电路中。

(6) 水泥电阻(图 1.21)。水泥电阻器，就是用水泥(耐火泥)灌封的电阻器，水泥电阻器是线绕电阻器的一种，它属于功率较大的电阻，能够允许较大电流的通过。水泥电阻器具有外形尺寸较大、耐震、耐湿、耐热及良好散热、低价等特性。

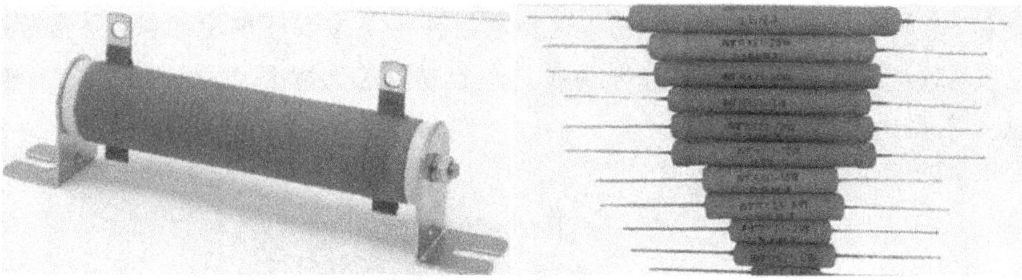

图 1.20　线绕电阻

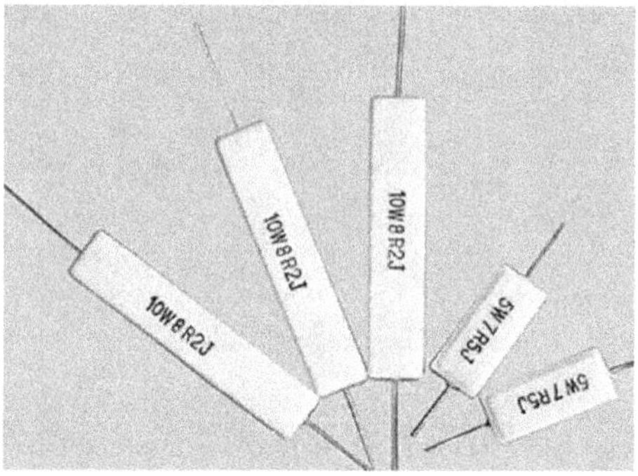

图 1.21　水泥电阻

(7) 敏感电阻(图 1.22)。敏感电阻一般作为传感器使用，主要用于检测光照、温度、湿度等物理量，通常有光敏、热敏、湿敏、压敏、气敏等不同类型的电阻形式。

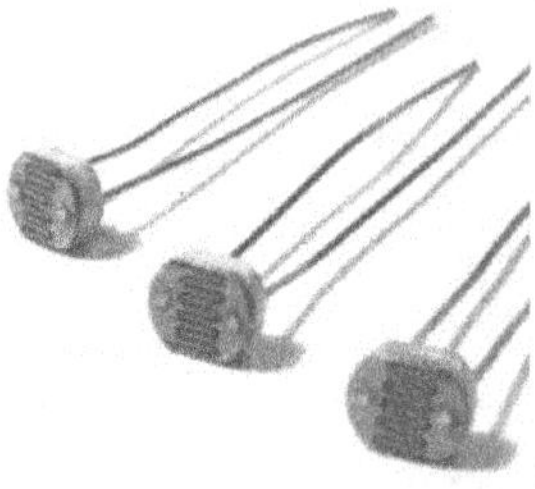

(a) 光敏电阻

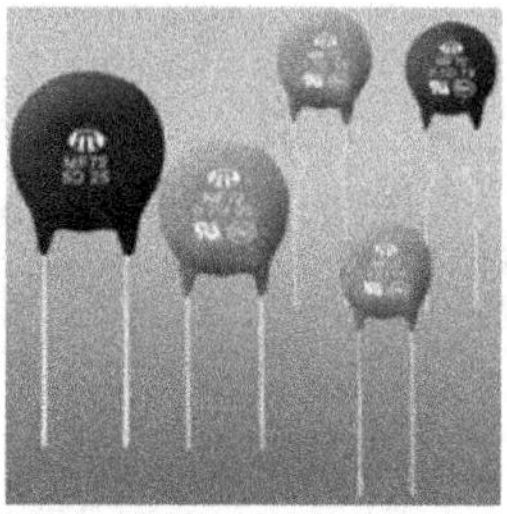

(b) 热敏电阻

(c) 湿敏电阻

(d) 压敏电阻

(e) 气敏电阻

图 1.22　各种敏感电阻

2. 电阻器标称阻值和误差

电阻的标称阻值分为 E6、E12、E24、E48、E96、E192 六大系列，分别适用于允许偏差(误差)为±20%、±10%、±5%、±2%、±1%和±0.5%的电阻。E6、E12、E24 属于普通型电阻系列，E48、E96、E192 系列为高精密电阻系列。本书中使用的电阻主要是 E24 和 E12 系列(表 1.2)。

表 1.2 电阻、电位器和电容的标称

标称系列	精度	电阻器、电位器、电容器标称数值							
E24	±5%	1.0	1.1	1.2	1.3	1.5	1.6	1.8	2.0
		2.2	2.4	2.7	3.0	3.3	3.6	3.9	4.3
		4.7	5.1	5.6	6.2	6.8	7.5	8.2	9.1
E12	±10%	1.0	1.2	1.5	1.8	2.2	2.7	3.3	3.9
		4.7	5.6	6.8	8.2				

电阻的精度也可以用不同的字母表示，表 1.3 为字母表示精度的含义。

表 1.3 字母表示精度的含义

%	±0.001%	±0.002%	±0.005%	±0.01%	±0.02%	±0.05%	±0.1%
符号	E	X	Y	H	U	W	B
%	±0.2%	±0.5%	±1%	±2%	±5%	±10%	±20%
符号	C	D	F	G	J	K	M

3. 电阻器的功率

电阻的功率规格可分为 1/16W、1/8W、1/4W、1W、2W、5W 等。电路设计时需要充分考虑该电阻的实际功率的最大值，从而选择一个额定功率比这个最大实际功率还要大的电阻。

电阻的功率可由体积识别，对于功率较大的电阻也采用直接标示。电阻功率在原理图中的符号如图 1.23 所示。

选择合适的电阻额定功率

根据焦耳定律，电流通过电阻时会产生热量，电阻越大、电流越大、时间越长，电阻发热也就越厉害。如果电阻阻值为 R，通过电阻的电流 I，根据公式 $P=I^2R$。如果该电阻的额定功率小于 P，则在此工作条件下就会被烧毁(图 1.24)，表现为电阻焦黑、发臭，严重时甚至起火、爆炸。

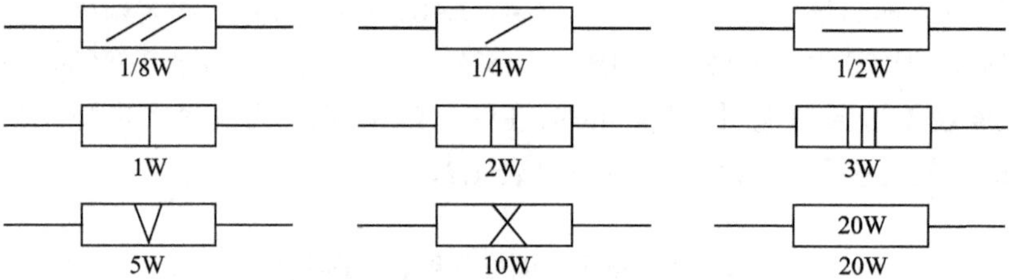

图 1.23　原理图的电阻额定功率符号

图 1.24　被烧毁的电阻

之所以出现烧毁电阻的情况，一般有以下两种可能：一是电阻选择不合理，其额定功率小于实际功率；二是电路突然出现故障，导致电阻上的电流激增而被烧毁。这两个问题都需要在实际电路设计及制作中预防。

4. 电阻器的参数标示

电阻的标称阻值、误差与额定功率等，常以各种方法标记在电阻体上，如碳膜、金属膜、金属氧化膜等电阻，常使用色环对其阻值、误差进行标称，其他形式的电阻如贴片电阻、线绕电阻、水泥电阻等，常用文字或符号表示。电阻的额定功率 2W 以下的电阻一般可由体积识别，额定功率 2W 以上的电阻则使用文字符号进行直标。

1) 色环表示法

在电阻器上看到五颜六色的色环不是为了美观设计，而是具有特定的含义，用来表示电阻的阻值和误差。这种电阻即色环电阻。普通的色环电阻(图 1.25)为四色环，高精密的用五色环表示，另外还有六色环(比较稀少)电阻。

色环电阻用来表示阻值的颜色有黑、棕、红、橙、黄、绿、蓝、紫、灰、白、依次代表数字 0、1、2、3、4、5、6、7、8、9。另外有金色和银色，分别表示误差± 5%和±10%。金色和银色仅作为最后一环，所以可以通过判断金和银色来确定色环的读取方向。

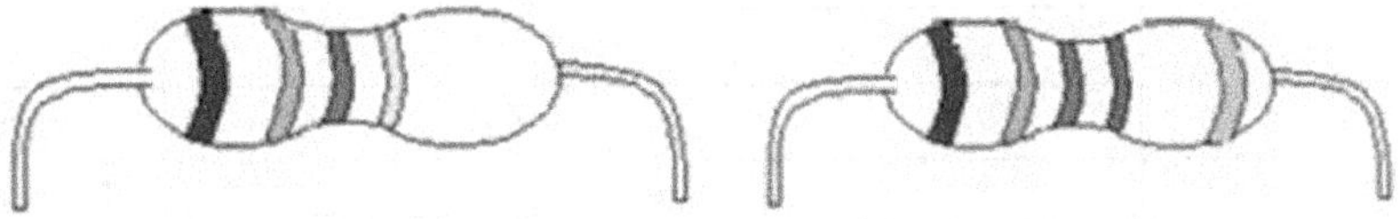

图 1.25　四色环和五色环

色环读数

四色环电阻就是指用四条色环表示阻值的电阻，从左向右数，第一道色环表示阻值的最大一位数字；第二道色环表示阻值的第二位数字；第三道色环表示阻值的倍乘数；第四道色环表示阻值允许的偏差(精度)。

例如，一个电阻的第一环为棕色(代表 1)、第二环为黑色(代表 0)、第三环为棕色(代表 10 倍)、第四环为金色(代表±5%)，那么这个电阻的阻值应该是 100Ω，阻值的误差范围为±5%。

五色环电阻就是指用五条色环表示阻值的电阻，从左向右数，第一道色环表示阻值的最大一位数字；第二道色环表示阻值的第二位数字；第三道色环表示阻值的第三位数字；第四道色环表示阻值的倍乘数；第五道色环表示误差范围。

例如，一个五色环电阻，第一环为红色(代表 2)、第二环为黑色(代表 0)、第三环为黑色(代表 0)、第四环为棕色(代表 10 倍)、第五环为棕色(代表±1%)，则其阻值为 200Ω×10=2000Ω，误差范围为±1%。

用不同颜色表示电阻数值和偏差或其他参数时的色标符号规定，如表 1.4 所示。值得注意的是，在读取色环时，金、银色环不作为第一色环，偏差色环会稍远离前面几个色环。在色环不易分辨的情况下，利用电阻标称值或者万用表进行识别。

表 1.4　色环含义

色别	第一环	第二环	第三环	第四环	第五环
	第一位数	第二位数	第三位数	应乘倍率	精度
棕	1	1	1	10	F±1%
红	2	2	2	100	G±2%

续表

色别	第一环	第二环	第三环	第四环	第五环
	第一位数	第二位数	第三位数	应乘倍率	精度
橙	3	3	3	1k	—
黄	4	4	4	10k	—
绿	5	5	5	100k	D±0.5%
蓝	6	6	6	1M	C±0.2%
紫	7	7	7	10M	B±0.1%
灰	8	8	8	100M	—
白	9	9	9	1G	—
黑	0	0	0	1	K±10%
金	—	—	—	0.1	J±5%
银	—	—	—	0.01	K±10%
无色	—	—	—	—	±20%

2）文字和符号表示

对于贴片电阻、线绕电阻、大功率电阻常直接用数字、字母、符号等形式表示，也可以在电阻表面用具体数字、单位符号等直接标出。

(1)贴片电阻的数码表示。贴片电阻主要有 3 位数表示法和 4 位数表示法(图 1.26)。

(a)3 位数表示的贴片电阻

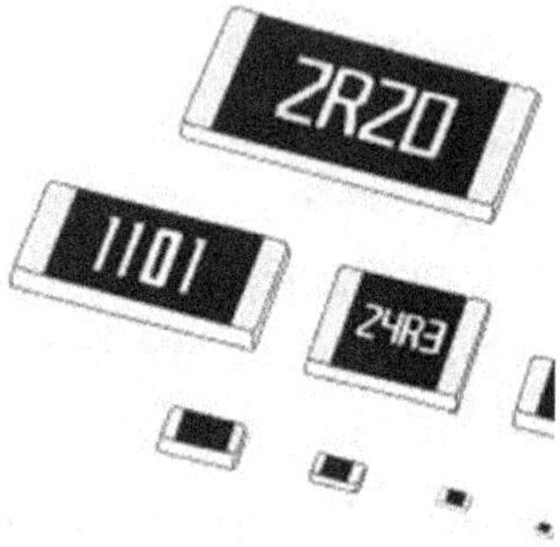

(b)4 位数表示的贴片电阻

图 1.26　贴片电阻标注

3 位数表示法：这种表示方法前两位数字代表电阻值的有效数字，第 3 位数字表示在有效数字后面应添加“0”的个数。当电阻小于 10Ω 时，在数码中用 R 表示电阻值小数点的位置，这种表示法通常用于阻值误差为±5%电阻系列中。例如， 330 表示 33Ω，而不是 330Ω；221 表示 220Ω；683 表示 68000Ω，即 68kΩ；105 表示 1MΩ；6R2 表示 6.2Ω，5.1kΩ 可以标为 5k1。

4 位数表示法：这种表示法前 3 位数字代表电阻值的有效数字，第 4 位表示在有效数字后面应添加 0 的个数。当电阻小于 10Ω 时，代码中仍用 R 表示电阻值小数点的位置，这种表示方法通常用于阻值误差为±1%精密电阻系列中。例如，0100 表示 10Ω 而不是 100Ω；1000 表示 100Ω 而不是 1000Ω；4992 表示 49900Ω，即 49.9kΩ；1473 表示 147000Ω，即 147kΩ；0R56 表示 0.56Ω。

(2) 文字和符号的表示。一般来说，文字和符号表示的电阻参数比较直观明了，下面以示例来说明文字和符号表示法的例子。

水泥电阻 10W1RJ(图 1.27)：10W 表示额定功率，1R 表示电阻，J 表示精度±5%。

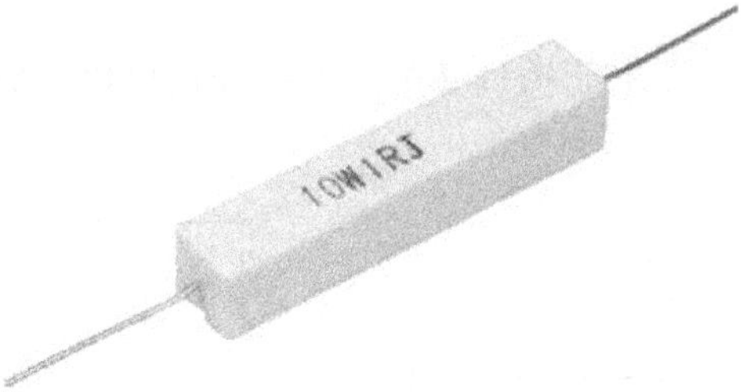

图 1.27　水泥电阻的标示

线绕电阻 RX21-12W，100RJ(图 1.28)：R 表示电阻，X 表示线绕，2 表示普通型，1 表示序号，12W 表示额定功率，100R 表示阻值 100Ω，J 表示精度±5%。

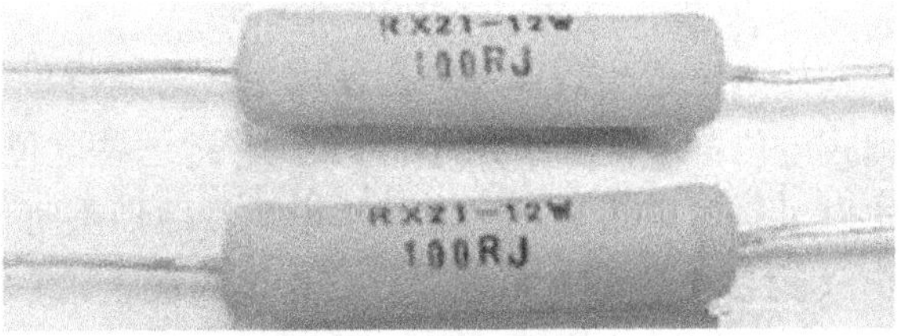

图 1.28　线绕电阻的标示

5. 电位器

电位器是一种可调电阻，有两个固定端和一个滑动端，在滑动端与固定端之间的阻值可调。常采用多圈可调玻璃釉电位器，如图 1.29 所示，安装形式有立式或者卧式。

人们身边日常使用的调光灯、吊扇、收音机等设备上都能找到电位器。收音机的音量调节旋钮后面，就是一个电位器，用手拧动旋钮就能改变收音机的音量。

(a)转轴式电位器　　(b)微调电位器

图 1.29　常用电位器

电位器在需要改变电阻的场合非常方便，往往可以形成分压网络，如图 1.30 所示。

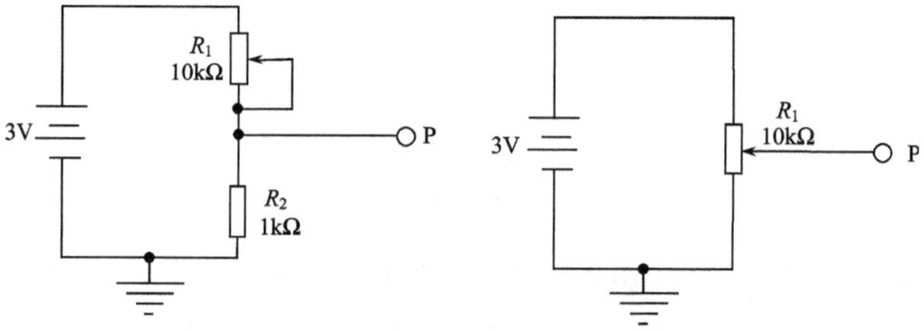

图 1.30　电位器的分压作用

在电路设计中，如果电位器需要用户在使用中参与调整，如收音机中的音量调节，则可用转轴式电位器，如图 1.29(a)所示，并把这些电位器设计在面板上，方便随时调节；如果只是在电路调试中对某些电路参数调整时使用，则可选择微调电位器图 1.29(b)，这些电位器大多直接焊接在电路板上，使用小号的一字或十字螺丝刀进行调节，电路调试完毕后一般不用再去动它。

1.2.2　电容器

1. 电容器概述

电容器(Capacitor，通常用“*C*”表示)是一种储能元件，简称电容，任何两个彼此绝缘且相隔很近的导体(包括导线)间都构成一个电容器，能够储藏电荷。电容是最常用的电子元件之一，广泛应用于电路中的隔直通交、耦合、旁路、滤波、调谐回路、能量转换、控制等方面。常见的电容如图 1.31 所示。

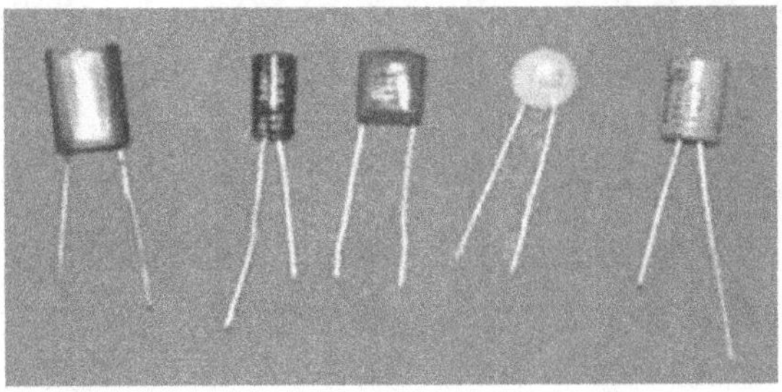

图 1.31　常见的电容

电容的基本单位是法拉，用 F 表示，此外还有 mF(毫法)、μF(微法)、nF(纳法)、pF(皮法)，由于电容 F 的容量非常大，所以看到的一般都是 μF、nF、pF 的单位，而不是 F 的单位。

电容的发展

1746 年，荷兰莱顿大学 P·穆森布罗克(PieterVon Musschenbrock，1692—1761)在做电学实验时，无意中把一个带了电的钉子掉进玻璃瓶里，他以为要不了多久，铁钉上所带的电就会很容易跑掉的，过了一会，他想把钉子取出来，可当他一只手拿起桌上的瓶子，另一只手刚碰到钉子时，突然感到有一种电击式的振动。这到底是铁钉上的电没有跑掉，还是自己的神经太过敏呢？于是，他又照着刚才的样子重复了好几次，而每次的实验结果都和第一次一样，于是他非常高兴地得到一个结论：把带电的物体放在玻璃瓶子里，电就不会跑掉，这样就可把电储存起来。这个瓶也称为“莱顿瓶”(图 1.32)，成为电容的雏形。

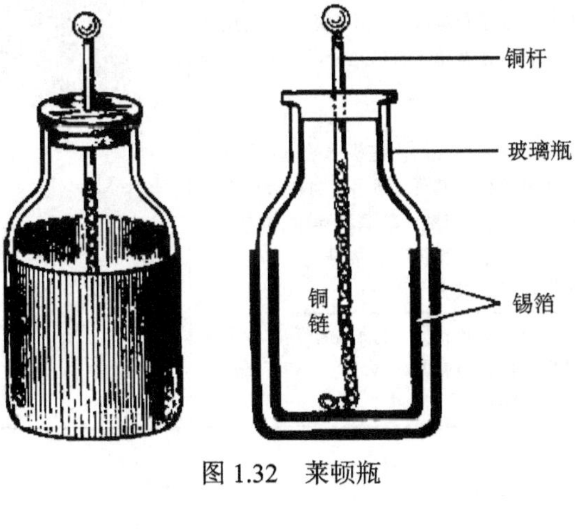

图 1.32　莱顿瓶

1874年德国M·鲍尔发明云母电容。云母是一种天然的绝缘介质，介电系数大。云母很容易形成薄膜，使得电容两端电极间距极大地缩短，性能明显提高。

1876年英国D·菲茨杰拉德发明纸介电容器。1900年意大利L·隆巴迪发明陶瓷介质电容器。

20世纪30年代人们发现在陶瓷中添加钛酸盐可使介电常数成倍增长，因而制造出比较便宜的陶瓷介质电容。

1921年出现液体铝电解电容。

1938年前后改进为由多孔纸浸渍电糊的干式铝电解电容。1949年出现液体烧结钽电解电容。1956年制成固体烧结铝电解电容。

2. 电容器种类

制作电容的材料很多，常用的电容按其介质材料可分为铝电解电容（CD）、钽电解电容（CA）、瓷片电容(CC)、云母电容(CY)、聚丙烯(CBB)电容、聚四氟乙烯(CF)电容、聚苯乙烯(CB)电容、独石电容、涤纶电容（CL）、可变电容等。

另外，按电极分类，电容主要可分为金属箔电容、金属化电容、由电介质构成负极的电介质电容。按封装方式与引线方式分类，电容主要可分为贴片电容、轴向引线电容、同向引线电容、双列直插电容、插脚式电容、螺栓电容、穿心电容等。常用的电容结构和特点如表1.5所示。

表1.5 常用电容的结构和特点

电容种类	电容结构和特点	实物图片
铝电解电容	它由铝圆筒作为负极，里面装有液体电解质，插入一片弯曲的铝带作为正极制成，还需要经过直流电压处理，使正极片上形成一层氧化膜作为介质。它的特点是容量大，但是漏电大，误差大，稳定性差，常作为交流旁路和滤波，在要求不高时也用于信号耦合。电解电容有正、负极之分，使用时不能接反	
纸介电容	用两片金属箔作为电极，夹在极薄的电容纸中，卷成圆柱形或者扁柱形芯子，然后密封在金属壳或者绝缘材料(如火漆、陶瓷、玻璃釉等)壳中制成。它的特点是体积较小，容量可以做得较大。但是有固有电感和损耗都比较大，用于低频比较合适	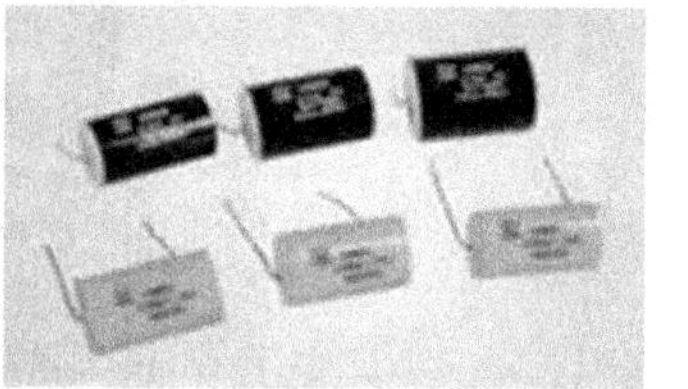
金属化纸介电容	结构和纸介电容基本相同。它是在电容器纸上覆上一层金属膜来代替金属箔，体积小，容量较大，一般用在低频电路中	

续表

电容种类	电容结构和特点	实物图片
油浸纸介电容	它是把纸介电容浸在经过特别处理的油里，能增强它的耐压性。它的特点是电容量大、耐压高，但是体积较大	
玻璃釉电容	以玻璃釉作为介质，具有瓷介电容器的优点，且体积更小，耐高温	
陶瓷电容	用陶瓷作为介质，在陶瓷基体两面喷涂银层，然后烧成银质薄膜作为极板制成。它的特点是体积小，耐热性好、损耗小、绝缘电阻高，但容量小，适宜用于高频电路。铁电陶瓷电容容量较大，但是损耗和温度系数较大，适宜用于低频电路	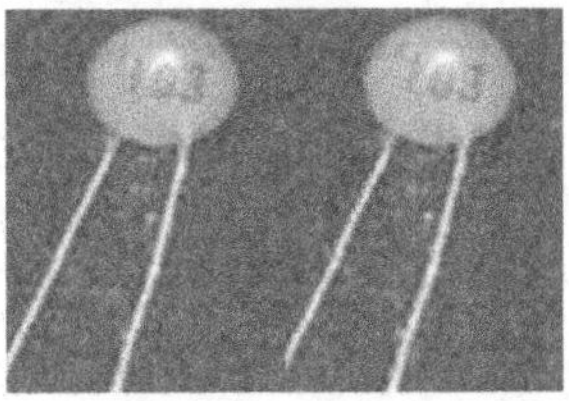
薄膜电容	结构和纸介电容相同，介质是涤纶或者聚苯乙烯。涤纶薄膜电容，介电常数较高，体积小，容量大，稳定性较好，适宜作为旁路电容。聚苯乙烯薄膜电容，介质损耗小，绝缘电阻高，但是温度系数大，可用于高频电路	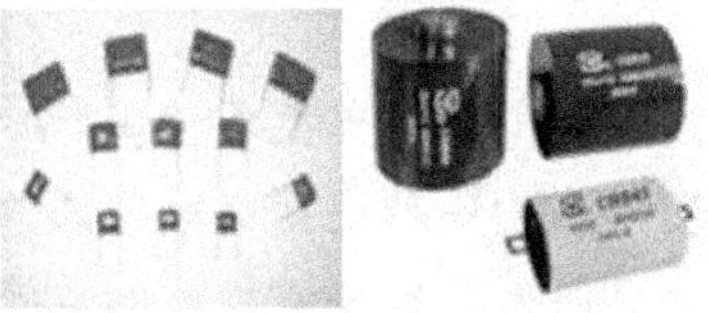
云母电容	用金属箔或者在云母片上喷涂银层作为电极板，极板和云母一层一层叠合后，再压铸在胶木粉或封固在环氧树脂中制成。它的特点是介质损耗小，绝缘电阻大、温度系数小，适宜用于高频电路	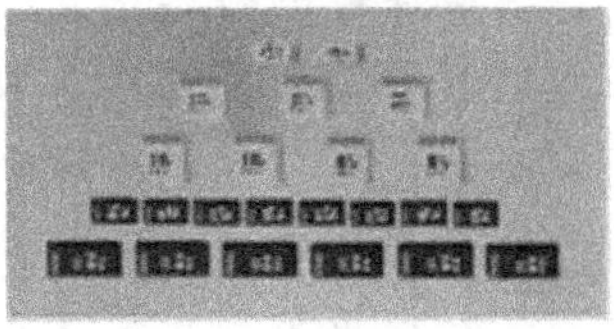
钽、铌电解电容	它用金属钽或者铌作为正极，用稀硫酸等配液作为负极，用钽或铌表面生成的氧化膜作为介质制成。它的特点是体积小、容量大、性能稳定、寿命长、绝缘电阻大、温度特性好。用在要求较高的设备中	
半可变电容	也称微调电容。它由两片或者两组小型金属弹片，中间夹着介质制成。调节时改变两片之间的距离或者面积。它的介质有空气、陶瓷、云母、薄膜等	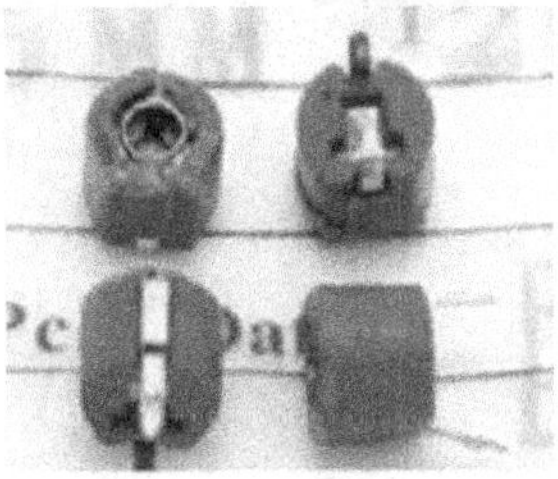

续表

电容种类	电容结构和特点	实物图片
可变电容	它由一组定片和一组动片组成，它的容量随着动片的转动可以连续改变。把两组可变电容装在一起同轴转动，称为双连。可变电容的介质有空气和聚苯乙烯两种。空气介质可变电容体积大，损耗小，多用在电子管收音机中。聚苯乙烯介质可变电容做成密封式的，体积小，多用在晶体管收音机中	

超级电容

超级电容(Supercapacitor，Ultracapacitor)，又名电化学电容(Electrochemical Capacitor)、双电层电容(Electrical double-layer Capacitor)、黄金电容、法拉电容，是从 20 世纪七八十年代发展起来的通过极化电解质来储能的一种电化学元件。

超级电容是建立在德国物理学家亥姆霍兹(1821—1894)提出的界面双电层理论基础上的一种全新的电容。它不同于传统的化学电源，是一种介于传统电容与电池之间、具有特殊性能的电源，主要依靠双电层和氧化还原假电容电荷储存电能。但在其储能的过程中并不发生化学反应，这种储能过程是可逆的，也正因为此超级电容可以反复充放电数十万次。其基本原理和其他种类的双电层电容一样，都是利用活性炭多孔电极和电解质组成的双电层结构获得超大的容量。

超级电容的突出优点是功率密度高、充放电时间短、循环寿命长、工作温度范围宽，是世界上已投入量产的双电层电容中容量最大的一种。超级电容的相关性能参数和比较如图 1.33 和图 1.34 所示。

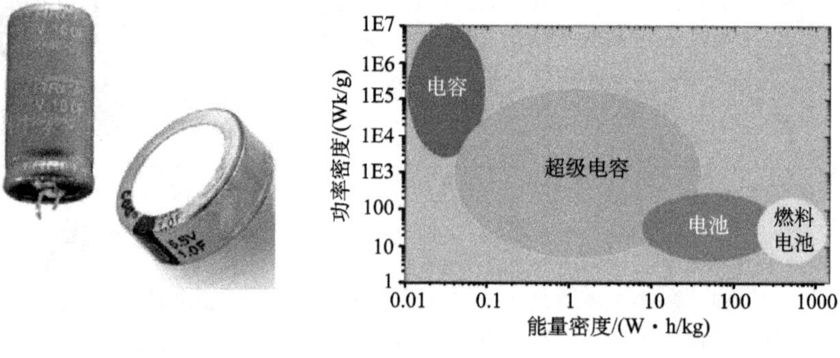

图 1.33　超级电容和能量密度

序号	比较项目	普通电容	超级电容	电池
1	循环寿命	$\geqslant 10^6$	$>10^5$	$<10^4$
2	容量	$C=Q/U=It/U$		$Q=It$
		μF和pF级	1~5000F	A • h
3	功率密度	$P=UI$/mass		$P=UI$/mass
		10^4~10^6W/kg	10^2~10^4W/kg	<500W/kg
4	能量密度	$E=(CU^2/2/3600/\text{mass})$		$E=UIt$
		≤0.2W • h/kg	0.2~20W • h/kg	20~200W • h/kg
5	充放电速度	≤10s	10s~10min	1~10h
6	大电流特性	上百安至千安	一般在20安至上千安	一般在2~10安
7	工作电压	百伏至千伏	几伏	几伏
8	工作温度	温度范围大	–40~+70℃	–20~+60℃
9	环境污染	无污染	绿色能源(活性炭)，不污染环境	化学反应，污染环境
10	安全性	安全	安全	过热甚至爆炸

图 1.34　超级电容和其他储能产品的性能比较

与蓄电池和传统物理电容相比，超级电容的特点主要体现在以下五个方面。

(1) 功率密度高：可达 10^2～10^4W/kg，远高于目前蓄电池的功率密度水平。

(2) 循环寿命长：在几秒钟的高速深度循环 10 万～50 万次后，超级电容的特性变化很小，容量和内阻仅降低 10%～20%。

(3) 工作温限宽：由于在低温状态下超级电容中离子的吸附和脱附速度变化不大，其容量变化远小于蓄电池。目前商业化超级电容的工作温度范围可达–40～+70℃。

(4) 免维护：超级电容充放电效率高，对过充电和过放电有一定的承受能力，可稳定地反复充放电，在使用和管理得当的情况下是不需要进行维护的。

(5) 绿色环保：超级电容在生产过程中不使用重金属和其他有害的化学物质，符合欧盟的 RoHS 指令，且自身寿命较长，因而是一种新型的绿色环保电源。

3. 电容器的主要参数

1) 技术参数

(1) 容量及精度。容量是电容的基本参数，数值标在电容体上，不同类别的电容有不同系列的标称值。常用的标称值系列与电阻标称值相同。应注意，某些电容的体积过小，常常在标称容量时不标单位符号，只标数值。电容的容量精度等级较低，一般误差在±5%以上。

(2) 额定电压。电容两端加电压后，能保证长期工作而不被击穿的电压称为电容的额定电压。额定电压的数值通常都在电容上标出。

(3)损耗角。电容介质的绝缘性能取决于材料及厚度。绝缘电阻越大漏电流越小。漏电流的存在，将使电容消耗一定电能，由于电容损耗而引起的相移角称为电容的损耗角。

2)型号命名方法

根据国家标准，电容型号命名由四部分内容组成。

第一部分为主称字母，用 C 表示，第二部分为介质材料，第三部分为特征，第四部分为用数字表示序号；一般可以只需由三部分组成，即两个字母一个数字。

例如，CC104 表示Ⅲ级精度(+20%)0.1μF 瓷介电容器；CBB120.68Ⅱ表示Ⅱ级精度(+10%)0.68μF 聚丙烯电容器。

一般在体积较大的电容主体上除了标上述符号，还标有标称容量、额定电压、精度与技术条件等。

3)容量的标识方法

没标单位的数字的读法是：当容量在 1～(10^5–1)pF 时，读为 pF，如 510pF。当容量大于 10^5pF 时，读为 μF，如 0.22μF。一般可以认为，电容表面上的数字大于 1，表示电容的容量单位为 pF；用小于 1 的数字表示时，单位为 μF。

例如，4n7 表示 4.7nF 或 4700pF；0.22 表示 0.22μF；510 表示 510pF。

电容的应用：触摸感应开关

触摸感应开关按原理分类有电阻式触摸开关和电容式触摸开关，在多种科技功能上电容式触摸感应开关已经成为触摸感应技术的主流，在按键设计方面能有效地为产品带来整体外观档次的提升。电容式触摸感应开关可穿透绝缘材料外壳 20mm 以上，准确有效地侦测手指的有效触摸(图 1.35)，并保证了产品的稳定性、

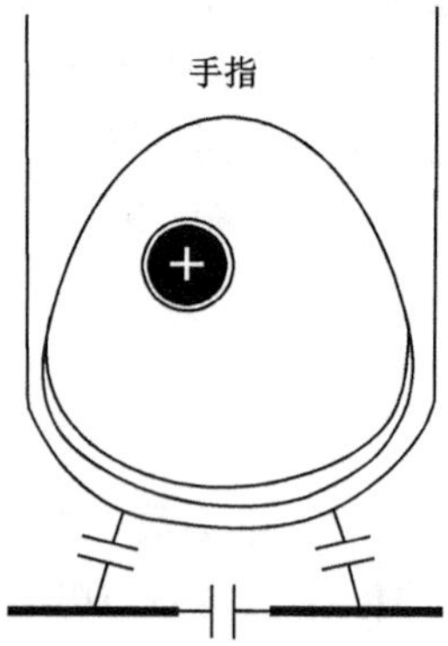

图 1.35　电容式触摸感应开关

灵敏度、可靠性等不因环境改变或长期使用而发生变化，同时还具有防水和强抗干扰等能力。

1.2.3 电感器

1. 电感器概述

电感器(Inductor，通常用“*L*”表示，简称电感)是能够把电能转化为磁能而存储起来的元件。电感的应用范围很广泛，具有阻交流、通直流的特点，它在调谐、振荡、耦合、匹配、滤波、陷波、延迟、补偿等电路中，都是必不可少的。由于其用途、工作频率、功率、工作环境不同，电感的基本参数和结构形式就有不同的要求，从而导致电感的类型和结构多样化。

电感的单位是亨(H)、毫亨(mH)、微亨(μH)。电感的表示方法与电阻的表示方法类似，通常采用文字、符号直标法和色环法。

2. 电感器种类

电感的种类很多，分类标准也不一样。通常按电感量变化情况分为固定电感、可变电感、微调电感等；按电感线圈内介质不同分为空心电感、铁心电感、磁芯电感、铜心电感等；按绕制特点分为单层电感、多层电感、蜂房电感等。

常用的电感有卧式、立式两种，通常是将漆包线直接绕在棒形、“工”字形、“王”字形等磁芯上而成，也有用漆包线绕成的空心电感。常见的部分电感外形如图1.36所示。

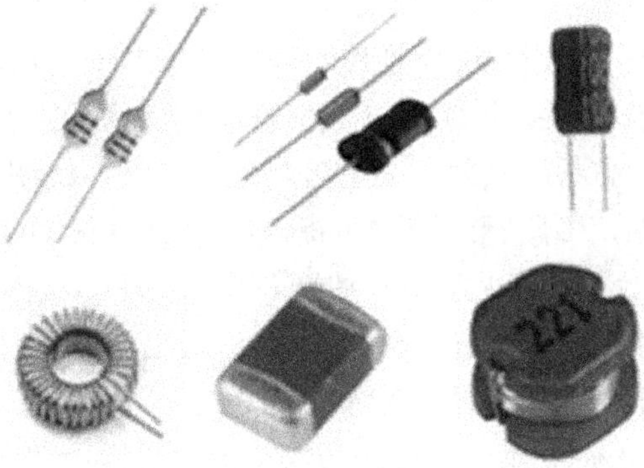

图1.36 常见电感

(1) 单层线圈。单层线圈是用绝缘导线一圈挨一圈地绕在纸筒或胶木骨架上，如晶体管收音机中波天线线圈。

(2) 蜂房式线圈。如果所绕制的线圈，其平面不与旋转面平行，而是相交成一定的角度，这种线圈称为蜂房式线圈。而其旋转一周，导线来回弯折的次数，常称为折点数。蜂房式绕法的优点是体积小，分布电容小，而且电感量大。蜂房式线圈都利用蜂房绕线机来绕制，折点越多，分布电容越小。

(3) 铁氧体磁芯和铁粉芯线圈。线圈的电感量大小与有无磁芯有关。在空心线圈中插入铁氧体磁芯，可增加电感量和提高线圈的品质因素。

(4) 铜心线圈。铜心线圈在超短波范围应用较多，利用旋动铜心在线圈中的位置来改变电感量，这种调整比较方便、耐用。

(5) 色码电感线圈。它是一种高频电感线圈，是在磁芯上绕上一些漆包线后再用环氧树脂或塑料封装而成。它的工作频率为 10kHz～200MHz，电感量一般在 0.1～3300μH。色码电感是具有固定电感量的电感，其电感量表示方法同电阻一样以色环来标记。其单位为 μH。

(6) 阻流圈(扼流圈)。限制交流电通过的线圈称阻流圈，分高频阻流圈和低频阻流圈。

(7) 偏转线圈。偏转线圈是电视机扫描电路输出级的负载，偏转线圈要求偏转灵敏度高、磁场均匀、Q 值高、体积小、价格低。

3. 电感器主要参数

电感的主要参数包括电感量、品质因数、分布电容、额定电流等。

(1) 电感量 L。电感量 L 表示线圈本身固有特性，与电流大小无关。

(2) 品质因数 Q。品质因数 Q 是表示线圈质量的一个物理量。线圈的 Q 值越高，回路的损耗越小。线圈的 Q 值与导线的直流电阻、骨架的介质损耗、屏蔽罩或铁心引起的损耗、高频趋肤效应的影响等因素有关。线圈的 Q 值通常为几十到几百。采用磁芯线圈，多股粗线圈均可提高线圈的 Q 值。

(3) 分布电容。线圈的匝与匝间、线圈与屏蔽罩间、线圈与底版间存在的电容称为分布电容。分布电容的存在使线圈的 Q 值减小，稳定性变差，因而线圈的分布电容越小越好。采用分段绕法可减小分布电容。

(4) 额定电流。线圈中允许通过的最大电流。通常用字母 A、B、C、D、E 分别表示标称电流值为 50mA、150mA、300mA、700mA、1600mA。

1.2.4 半导体器件

1. 半导体材料

众所周知，在自然界中，根据材料的导电能力，可以将它们划分为导体、绝缘体和半导体。半导体的导电能力介于导体和绝缘体之间。常见的半导体材料有硅(Si)、锗(Ge)或砷化镓(GaAs)，纯净的半导体材料称为本征半导体。半导体材料可以用来制作二极管、三极管、场效应管、传感器、放大器等分立器件，也可以用于大规模集成电路的设计。

本征半导体和杂质半导体

本征半导体(Intrinsic Semiconductor)为完全不含杂质且无晶格缺陷的纯净半导体。但实际半导体不能绝对地纯净，此类半导体称为杂质半导体。

半导体的概念非常简单，然而在电子设计领域，半导体绝对是一个重量级的“人物”，正是半导体这种材料的特性，成为了电子系统运行的机理所在，支撑着几乎整个电子工业的发展。可以说，没有半导体，就没有现代电子工业。因而围绕半导体的理论研究非常深入，要全面理解半导体的特性，需要大量的知识基础。

摩尔定律

摩尔定律是英特尔(Intel)创始人之一戈登·摩尔(Gordon Moore)提出来的。其内容为：当价格不变时，集成电路上可容纳的元器件的数目，每隔 18~24 个月便会增加一倍，性能也将提升一倍。换言之，每一美元所能买到的计算机性能，将每隔 18~24 个月翻一倍以上。这一定律揭示了信息技术进步的速度(图 1.37)。

尽管这种趋势已经持续了超过半个世纪，摩尔定律仍应该被认为是观测或推测，而不是一个物理或自然法。原先预计定律将持续到至少 2015 年或 2020 年，然而，2010 年国际半导体技术发展路线图的更新增长已经缩短到 2013 年底，之后的时间里晶体管数量密度预计只会每三年翻一番。

“集成电路的基础材料是半导体，其工作机制是默默隐藏于它背后、鲜有人知的物理原理。换言之，是基于量子理论而建立起来的固体物理理论，赋予了集成电路技术那种‘体积不断缩小、速度不断加快’的超级能力。电子技术几十年来的突飞猛进是根源于物理学中量子理论的成功。而如今，怎样才能挽救摩尔定律呢？可以用上中国人的一句老话：解铃还须系铃人。还是得回到基本物理的层面上，才有可能克服摩尔定律的瓶颈问题。”

——张天蓉《电子，电子!谁来拯救摩尔定律》

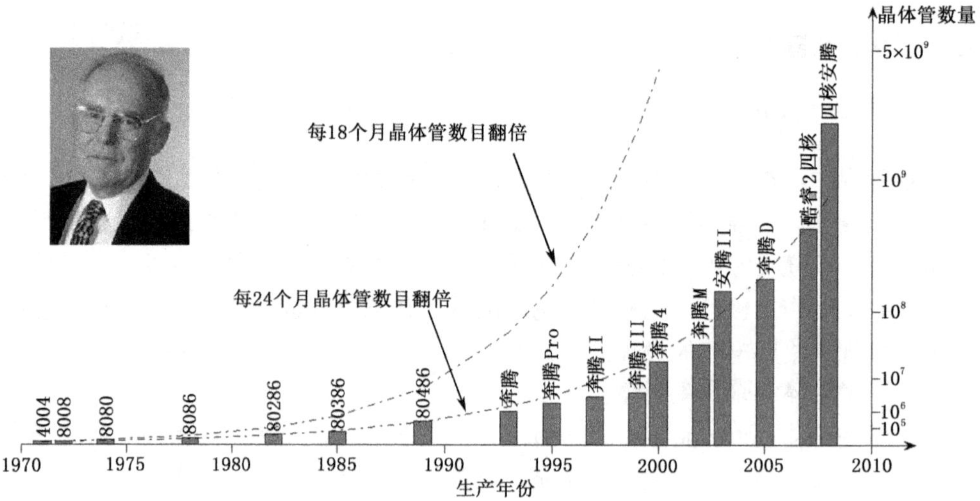

图 1.37　戈登·摩尔和摩尔定律

但是从应用角度上说，人们并不需要了解收音机的全部原理，也能很好地使用它。所以在很多情况下，只要了解一些相关的基础知识，就能避开晦涩难懂的理论而直接应用半导体器件，这是完全可行的。

2. 二极管的形成

二极管(Diode)是最基础的半导体产品，是由两种“不同性质”的半导体材料构成的典型的半导体器件。纯净半导体材料称为本征半导体，如硅(Si)，其导电性能不强，而通过研究发现，只要在本征半导体里面掺杂少量杂质，就能显著提高其导电性能，成为“导体”，这就像被“弄脏”了的水，其导电能力明显高于真正的纯净水一样。

根据掺杂的材料不同，本征半导体形成两种极性的材料，分别是能产生“正(+)”电荷的 P 型(Positive)材料和能产生“负(–)”电荷的 N 型(Negative)材料。

对于单纯的 P 型材料或者 N 型材料，其导电特性已经达到导体的能力。将 P 型材料和 N 型材料组合成一起，就构成 PN 结，成为二极管的基本形式，如图 1.38 所示。

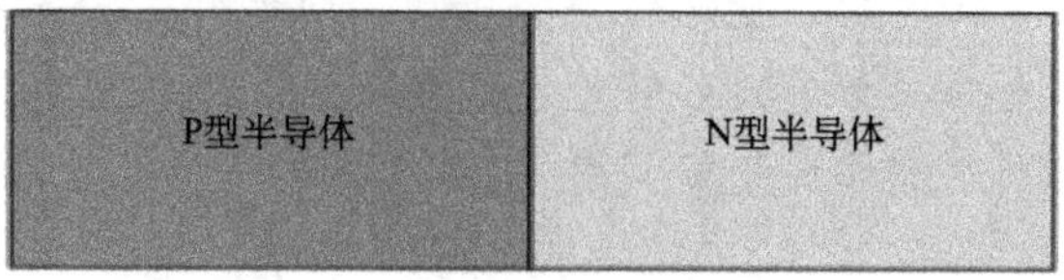

图 1.38　P 型材料和 N 型材料组合形成 PN 结

PN 结具有单向导电性，即一般情况下，电流方向只能从 P 区流向 N 区。也就是说，当 P 区为高电势、N 区为低电势时，PN 结导通；而当 P 区为低电势、N 区为高电势时， PN 结截止，表现出绝缘状态。

二极管就是一个封装了 PN 结的半导体器件，如图 1.39 所示，其中连接 P 区的一端称为阳极(Anode)，用 A 表示，而连接 N 区的一端称为阴极(Cathode)，用 K 表示，注意不是 C！因而二极管实际上就是一个封装好的 PN 结，其首要的特性是单向导电性(正向导电、反向截止)。

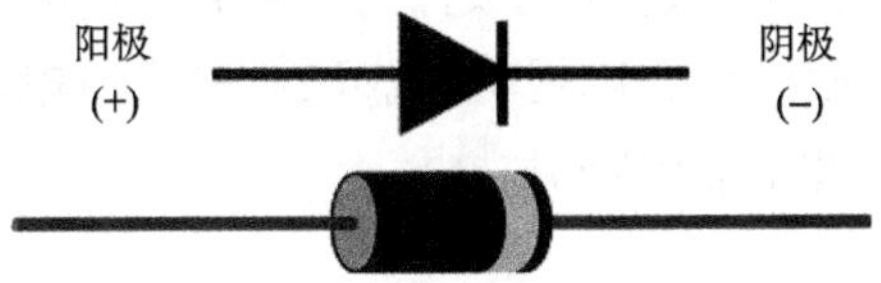

图 1.39　二极管

二极管特性

在电子电路中，将二极管的阳极(A)接在高电位端，阴极(K)接在低电位端，二极管就会导通，这种连接方式称为正向偏置。将二极管的阳极接在低电位端，阴极接在高电位端，此时二极管中几乎没有电流流过，二极管处于截止状态，这种连接方式称为反向偏置。

必须进一步说明，当加在二极管两端的正向偏置电压很小时，二极管仍然不能导通，流过二极管的正向电流仍十分微弱。只有当正向偏置电压达到某一数值(这一数值称为"门槛电压"，锗管约为 0.2V，硅管约为 0.6V)以后，二极管才能真正导通。导通后二极管两端的电压基本上保持不变(锗管约为 0.3V，硅管约为 0.7V)，称为二极管的"导通压降"。

3. 认识常用二极管

二极管有多种类型：按材料分，有锗二极管、硅二极管、砷化镓二极管等；按制作工艺可分为面接触二极管和点接触二极管；按用途不同又可分为整流二极管、检波二极管、稳压二极管、变容二极管、光电二极管、发光二极管、开关二极管、快速恢复二极管等；按结构类型来分，又可分为半导体结型二极管、金属半导体接触二极管等；按照封装形式则可分为常规封装二极管、特殊封装二极管等。

1)整流二极管

整流二极管的作用是将交流电源整流成脉动直流电，它是利用二极管的单向导电特性工作的。常用的整流二极管型号有 1N4001、1N4007(图 1.40)。

2) 检波二极管

检波二极管是把叠加在高频载波中的低频信号检出来的器件，它具有较高的检波效率和良好的频率特性。检波二极管要求正向压降小，检波效率高，结电容小，频率特性好。一般检波二极管采用锗材料点接触型结构。

3) 开关二极管

由于半导体二极管存在正向偏置下导通电阻很小，而在施加反向偏压时，截止电阻很大的特点，在开关电路中利用半导体二极管的这种单向导电特性就可以对电流起接通和关断的作用，故把用于这一目的的半导体二极管称为开关二极管。开关二极管主要应用于收录机、电视机、影碟机等家用电器及电子设备的开关电路、检波电路、高频脉冲整流电路等。

4) 稳压二极管

稳压二极管又名齐纳二极管(图 1.41)。稳压二极管利用 PN 结反向击穿时电压基本上不随电流变化而变化的特点来达到稳压的目的，因为它能在电路中起稳压作用，故称为稳压二极管(简称稳压管)。稳压二极管是根据击穿电压来分挡的，其稳压值就是击穿电压值。稳压二极管主要作为稳压器或电压基准元件使用，稳压二极管可以串联起来得到较高的稳压值。

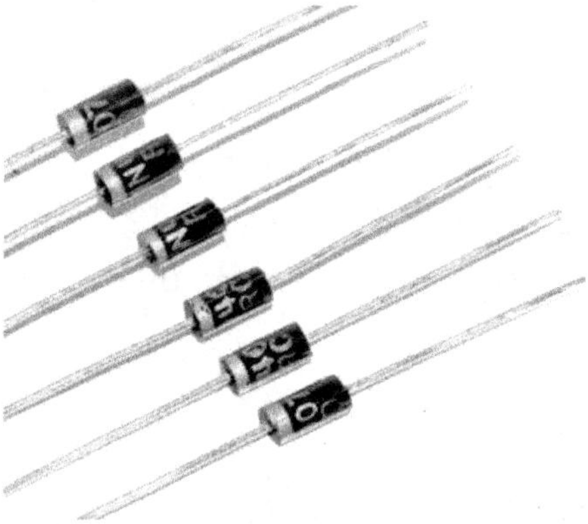

图 1.40　整流二极管 1N4007

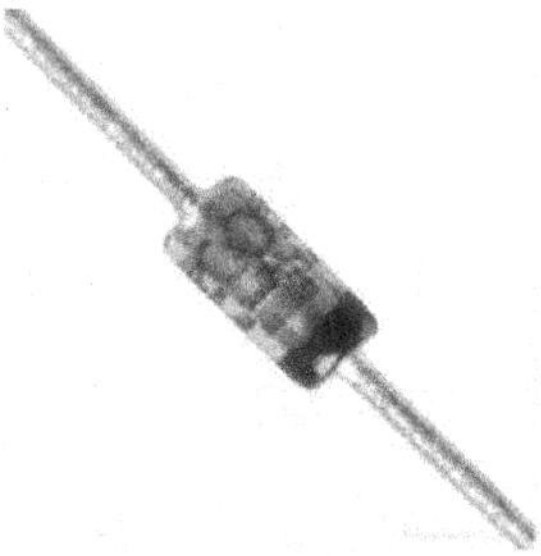

图 1.41　稳压二极管

5) 快速恢复二极管

快速恢复二极管(Fast Recovery Diode，FRD)是一种新型的半导体二极管。这种二极管的开关特性好，反相恢复时间短，通常用于高频开关电源中作为整流二极管，常用型号如 FR107(图 1.42)。

6) 肖特基二极管

肖特基二极管是肖特基势垒二极管(Schottky Barrier Diode，SBD)的简称。肖特基二极管是用贵重金属(金、银、铝、铂等)为正极，以 N 型半导体为负极，利用两者接触面上形成的势垒具有整流特性而制成的金属-半导体器件。肖特基二极管通常用在高频、大电流、低电压整流电路中，常用的有 1N5819、1N5822、SS14(图 1.43)。

图 1.42　快速恢复二极管 FR107

图 1.43 肖特基二极管

7) 发光二极管

发光二极管的英文简称是 LED(图 1.44)，它是采用磷化镓、磷砷化镓等半导体材料制成的，可以将电能直接转换为光能的器件。发光二极管除了具有普通二极管的单向导电特性，还可以将电能转换为光能。给发光二极管外加正向电压时，它也处于导通状态，当正向电流流过管芯时，发光二极管就会发光，将电能转换成光能。

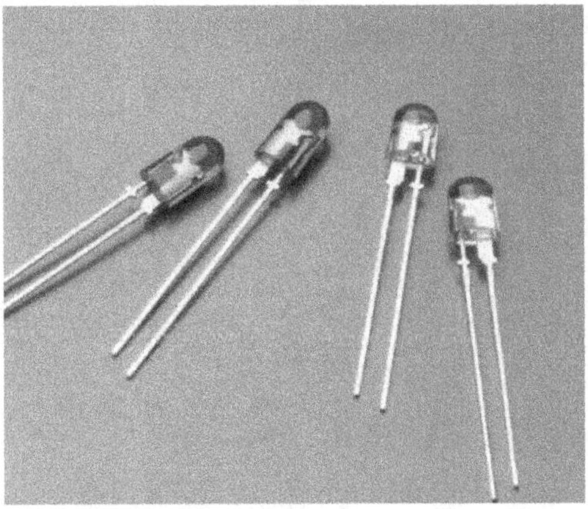

图 1.44　发光二极管

发光二极管的发光颜色主要由制作管子的材料以及掺入杂质的种类决定。目前常见的发光二极管发光颜色主要有蓝色、绿色、黄色、红色、橙色、白色等。

其中白色发光二极管是新型产品，主要应用在手机背光灯、液晶显示器背光灯、照明等领域。

发光二极管的工作电流通常为 2～25mA。工作电压(即正向压降)随着材料的不同而不同：普通绿色、黄色、红色、橙色发光二极管的工作电压约 2V；白色发光二极管的工作电压通常高于 2.4V；蓝色发光二极管的工作电压通常高于 3.3V。发光二极管的工作电流不能超过额定值太高，否则，有烧毁的危险。故通常在发光二极管回路中串联一个电阻 R 作为限流电阻。

红外发光二极管是一种特殊的发光二极管，其外形和发光二极管相似，只是它发出的是红外线，在正常情况下人眼是看不见的。其工作电压约 1.4V，工作电流一般小于 20mA。

有些公司将两个不同颜色的发光二极管封装在一起，使之成为双色二极管(又名变色发光二极管)。这种发光二极管通常有三个引脚，其中一个是公共端。它可以发出三种颜色的光(其中一种是两种颜色的混合色)，故通常作为不同工作状态的指示器件。

8)变容二极管

变容二极管(Variable Capacitance Diode，VCD)是利用反向偏压来改变 PN 结电容量的特殊半导体器件(图 1.45)。变容二极管相当于一个容量可变的电容，它的两个电极之间的 PN 结电容容量，随加到变容二极管两端反向电压大小的改变而变化。当加到变容二极管两端的反向电压增大时，变容二极管的容量减小。由于变容二极管具有这一特性，所以它主要用于电调谐回路(如彩色电视机的高频头)中，作为一个可以通过电压控制的自动微调电容。

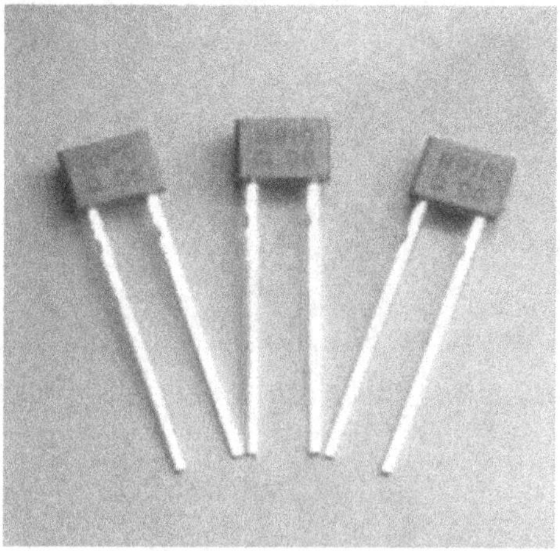

图 1.45　变容二极管

4. 认识三极管

半导体三极管也称双极型晶体管(Bipolar Junction Transistor)、晶体三极管，是一种电流控制型半导体器件。三极管可以实现把微弱信号放大，也可作为无触点开关。图 1.46 是常见的三极管型号和封装。

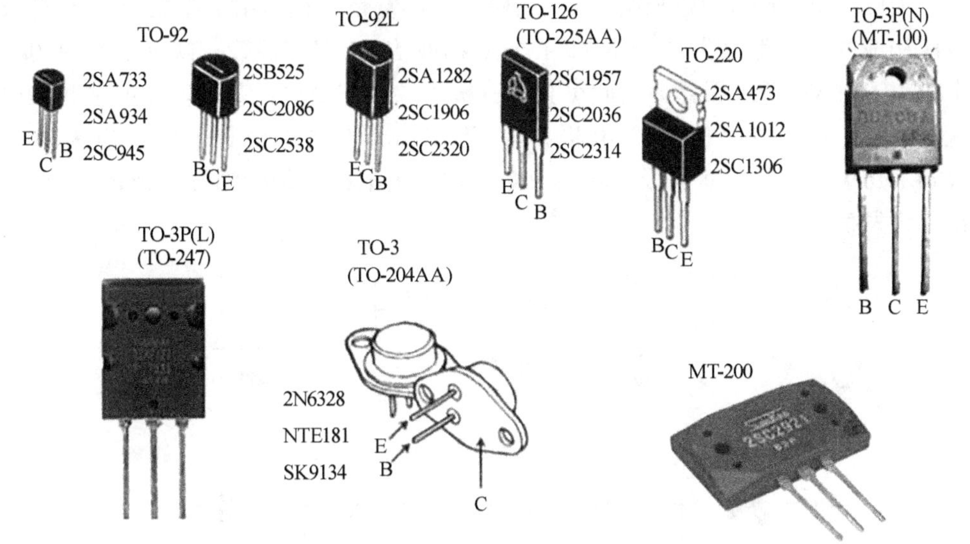

图 1.46　常见的三极管和封装

三极管的诞生

三极管于 1947 年 12 月 23 日在美国新泽西州墨累山的贝尔实验室里由 3 位科学家——巴丁博士、布莱顿博士和肖克莱博士发明(图 1.47)，这 3 位科学家

图 1.47　发明三极管的三位科学家

因此共同荣获了 1956 年诺贝尔物理学奖。晶体管的发现带来了“固态革命”，进而推动了全球范围内的半导体电子工业的发展。作为主要部件，它及时、普遍地首先在通信工具方面得到应用，并产生了巨大的经济效益。由于晶体管彻底改变了电子线路的结构，集成电路以及大规模集成电路应运而生，这样制造如高速电子计算机之类的高精密装置就变成了现实。

如图 1.48 所示，从结构上看，三极管并不复杂，也是由 P 型材料和 N 型材料所构成的。一般是由 2 个 N 和 1 个 P 构成 NPN 型三极管，或者 2 个 P 和 1 个 N 构成 PNP 型三极管。由此可见，三极管共有三个区：基区、发射区和集电区，三个区分别引出三个电极：基极 (Base)、发射极 (Emitter) 和集电极 (Collector)。基极和集电极之间的 PN 结称为集电结，基极和发射极之间的 PN 结称为发射结。

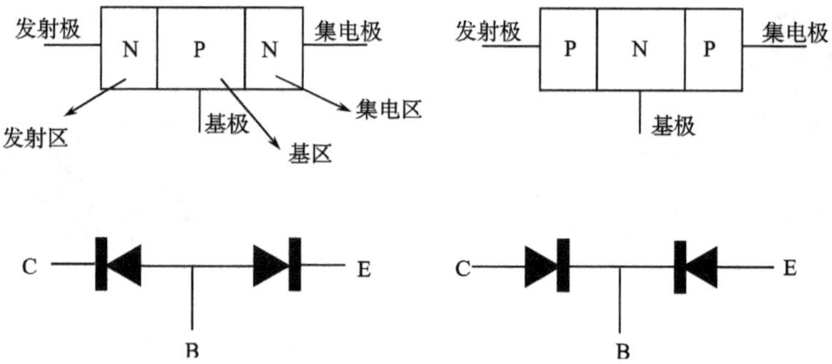

图 1.48　三极管内部模型示意图

三极管≠二极管+二极管

三极管是一种电流控制型器件，基极的小电流，控制着集电极到发射极的大电流（图 1.49）。这种控制方式，需要更深入地了解三极管机理才能理解，对于初学者，只需要记住简单的结论。

在内部结构上，三极管更像是两个背靠背或头顶头的二极管。如前所述，基极一般作为控制端，控制着集电极 C 和发射极 E 之间的电流通路，而基极电流由发射结 (BE) 形成。因而，只要发射结上的二极管 (BE) 处于截止状态（加反向偏置电压或正向偏置电压小于门槛电压），那么整个三极管就被关断了。反之，若发射结上的二极管 (BE) 处于正向导通状态（施加正向偏置），那么 C、E 之间，就能形成通路。

这样的话，对于三极管的控制原理就变得简单起来，只需要像控制二极管那样控制发射结就行了。

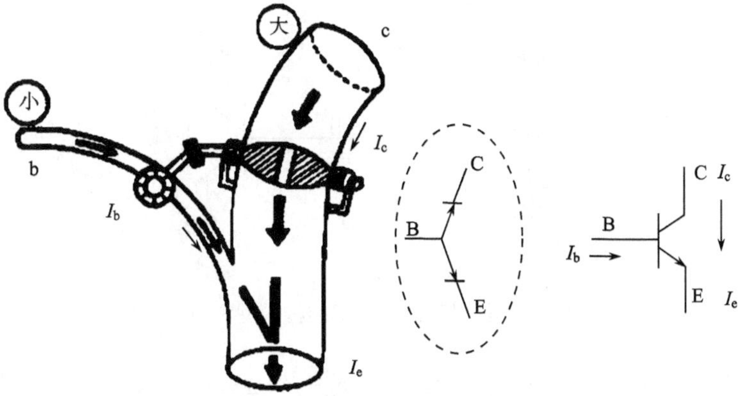

图 1.49　三极管工作原理示意图

值得注意的是，对于 NPN 型管，形成的电流通路只能是从集电极 C 流向发射极 E，而 PNP 型管是从发射极 E 流向集电极 C。如果进一步研究，会发现另一个重要的现象，当三极管被开启时，集电区的 PN 结(BC)居然处于反向偏置状态——“反向导通”，这正是三极管工作时的一个重要特征。

NPN 型三极管有 S9013 和 S8050。其外形和电气符号如图 1.50 所示。NPN 型三极管电气符号中的箭头可以理解为三极管的“内部二极管”极性。在正常工作时，这类三极管电流受基极控制，其电流(I_c)是从集电极流向发射极。

另一类是 PNP 型三极管，常用的是 S9012 和 S8550，如图 1.51 所示。同样地，正常工作时只有发射结的二极管符合正向导电特性，而集电极的二极管处于反向状态。PNP 型三极管的电流(I_c)从发射极流向集电极。

PNP 和 NPN 型三极管可以组成对管，应用于很多需要互补输出的场合。S9013 的对管是 S9012，S8050 的对管是 S8550。对于小功率直流电机，最常用的就是三极管驱动电路。不仅电路简单易懂，而且成本低廉。

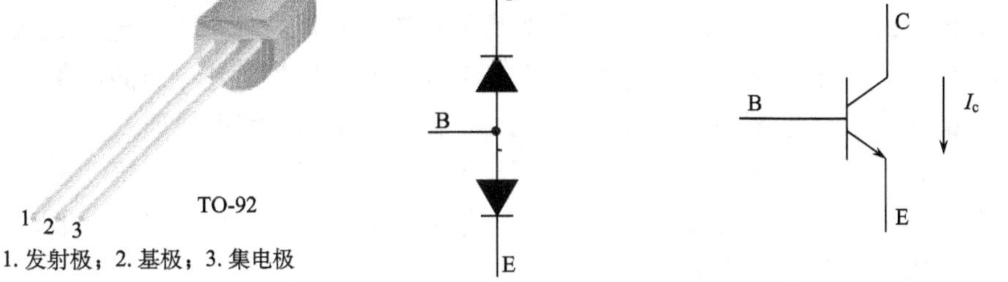

(a) 外部封装　　(b) 内部结构模型图　　(c) NPN型电路符号及电流方向

图 1.50　NPN 型三极管结构和电气符号

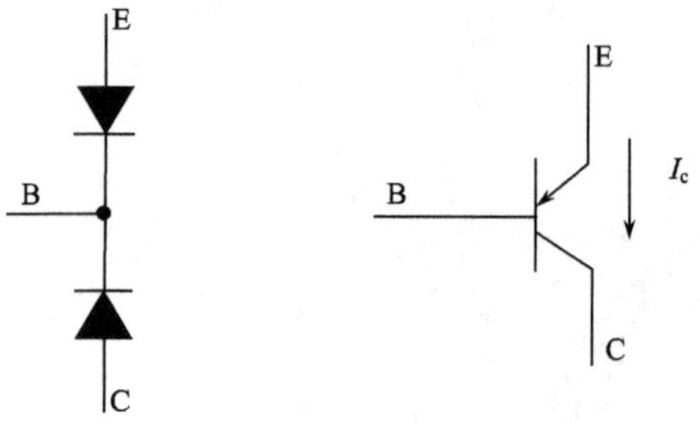

图 1.51　PNP 型三极管内部结构模型和电气符号

如上所述，通常情况下，三极管基极是一个重要的控制端。三极管正是通过基极控制发射结处的“二极管”导通状态，从而来控制集电极和发射极间的通断的。只要三极管发射结导通，那么集电极 C 和发射极 E 间就能建立电路通路。这也是三极管作为非接触式电子开关的基本工作方式。

三极管的主要参数包括电流放大系数 β、集电极最大允许电流 I_{CM}、集电极最大允许功耗 P_{CM}、反向击穿电压 $U_{BR(CEO)}$等，在实际应用中，I_{CM} 和 P_{CM} 需要根据实际的应用作出选择。

1.3　常用材料和工具

实验中用到的材料和工具包括但不限于剪刀、镊子、斜口钳、焊接工具、实验板等。

1.3.1　实验用面包板

万用实验电路板俗称面包板(Bread Board)，是一种最常用的电子实验工具，它与平时吃的面包没有任何关系，而是元器件实现电气连接的载体。在电路的验证和调试阶段常会用到面包板。

如图 1.52 所示，面包板上的插孔不是独立的，而是具有一定的电气连接：在中心分隔槽上、下两部分，每一列上半部分的 5 个插孔之间是导通的，每一列下半部分的 5 个插孔之间也是导通的，而上、下部分插孔之间不导通。

另外，在面包板上、下边缘还各有两排用于接电源的电源正极排孔和电源负极排孔，每一排的插孔都是互相导通的。有的面包板电源排孔分成左、右两个部分，每个部分之间的排孔导通。

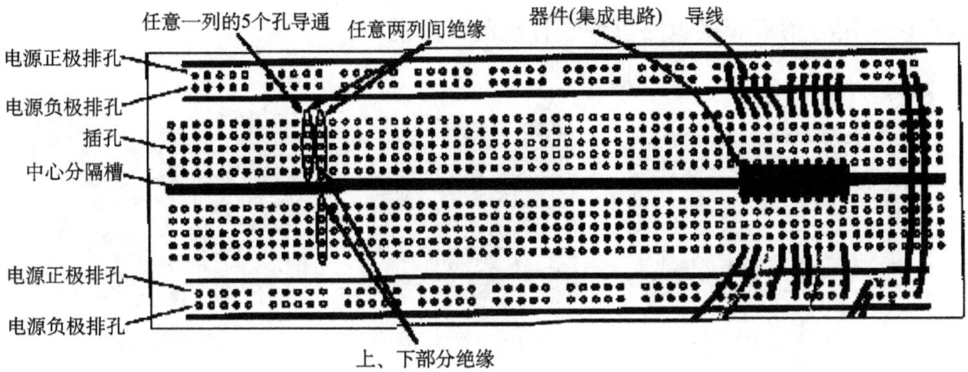

图 1.52　面包板说明

图 1.53 为插面包板可以使用的导线，面包板专用跳线有不同长度和不同颜色，跳线两头是类似元器件管脚的金属针，具有一定的硬度，所以能很容易地插到面包板的插孔中。跳线使用方便，在需要进行电气连接的地方用它跨接就可以了，如果没有这种跳线，也可以使用单股的硬芯导线实现连接，只不过要用剥线钳去掉导线的绝缘皮后，把露出的导线芯插到插孔中。

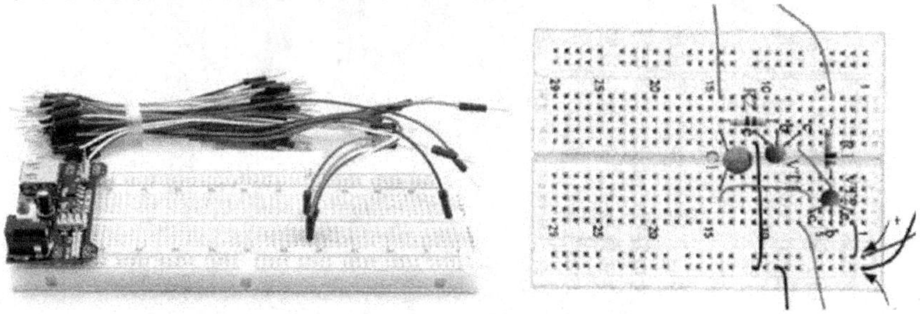

图 1.53　面包板插线

1.3.2　万用板

用面包板搭电路是验证电路原理的非常好的方式，当需要把验证的电路固定下来的时候，就要用到万用板或者印制电路板。万用板是手工设计和焊接固化电路的方式，而印制电路板则是利用软件进行电路板设计，并进行加工的成品电路，图 1.54 为万用板及相应元件的装配和焊接。

万用板上的元器件与导线都是通过焊接固定的，比面包板牢固一些，但是如果要更换元器件或修改导线连接就不像面包板那么方便了。所以可视电路的制作需要选择使用万用板或面包板。一般来说，如果只是暂时连接电路验证设计的正确性或对电路参数进行调试，使用面包板会方便一些；如果电路没有什么缺陷，就可以利用万用板焊接电路以便在样机测试中使用。

(a) 万用板　　(b) 万用板和元器件　　(c) 导线连接器件

图 1.54　万用板及元件装配

在万用板上装配和焊接元器件，需要注意三个方面。

(1) 合理布局。

元器件摆放要注意空间疏密，排放太紧不易焊接修改，排布太疏则浪费空间。布局关系要按照模块关系进行排布。接口电源放置在外，功能器件摆放在内。可以利用铅笔在电路板表面作适当的规划。图 1.55 的布局比较整齐合理。

图 1.55　万用板布局

(2) 规范安放元件。

万用板焊接时，直插式的元器件，如电阻器，一般“躺着”安放，如图 1.56(a) 所示，在空间受限的时候，也可以“站立”安放，如图 1.56(b) 所示。

图 1.57 是元器件局部布局和安放的对比效果，注意借鉴好的布局方法。

(3) 正确焊接。

焊接看似简单，但却是电路板制作非常关键的一步，因为焊接质量的好坏直接影响了电路的稳定性。很多时候因为虚焊、焊接线短路等因素造成电路故障。

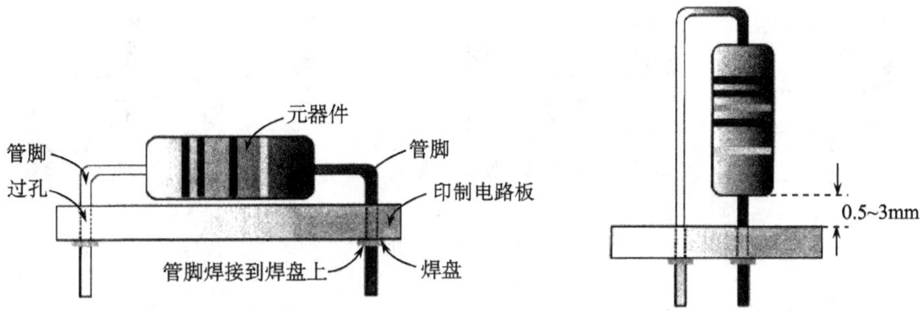

(a) 躺着安放　　　　　　　　　　　　　　　　　　(b) 站立安放

图 1.56　元件的安放

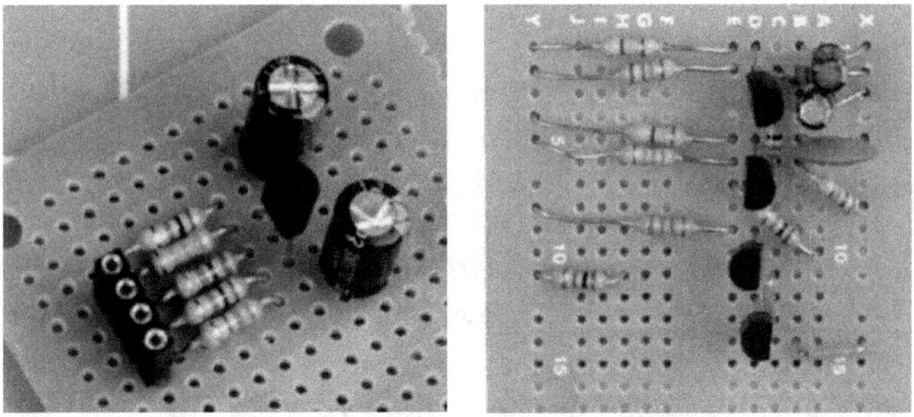

(a) 布局和器件安放合理美观　　　　　　　　　　　　　　(b) 安放不整齐

图 1.57　注意布局和元器件安放美观

焊接时，如图 1.58 所示，从个头较小的电阻、电容等元器件开始，把元器件从没有焊盘的一侧插入印制电路板的过孔，并从另一侧伸出。左手拇指和食指捏

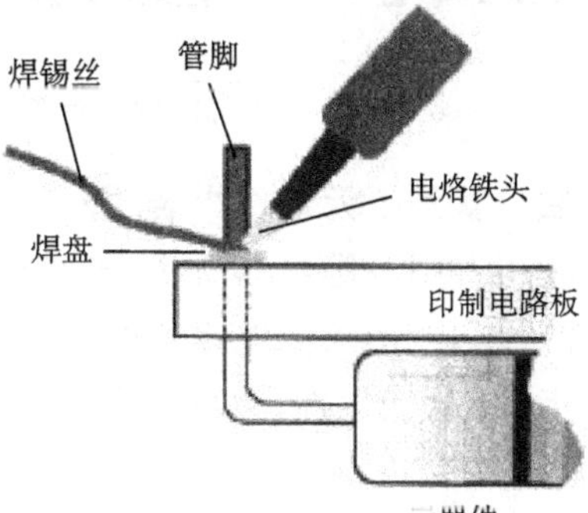

图 1.58　焊接时加热和送锡示意图

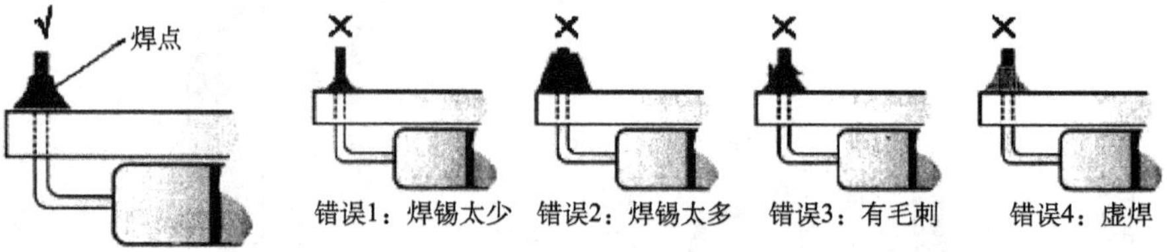

图 1.59　焊点的问题

着焊锡丝，右手拿电烙铁先在电烙铁头轻轻蹭一点焊锡，接着把电烙铁头贴到管脚和焊盘之间，再把焊锡丝推到焊盘，将焊锡丝熔化在管脚和焊盘之间，当形成一个较为圆滑、饱满的锡点(图 1.59)后，立即把焊锡丝拿走。

1.3.3　印制电路板

万用板一般作为样机进行调试。当需要把万用板上的电路固定成一个专门的产品或者设计时，就要使用印制电路板。印制电路板(Printed Circuit Board，PCB)在绝缘的基板上加以金属导体作为配线，印刷出线路图案。PCB 通过电路软件进行绘制加工而成，元器件安装和焊接时，可以有效降低电路板的装配强度，提高电路调试和生产的效率。印制电路板基材普遍以基板的绝缘部分作为分类，常见的原料为电木板、玻璃纤维板，以及各式的塑胶板。图 1.60 是单面 PCB 的例子。

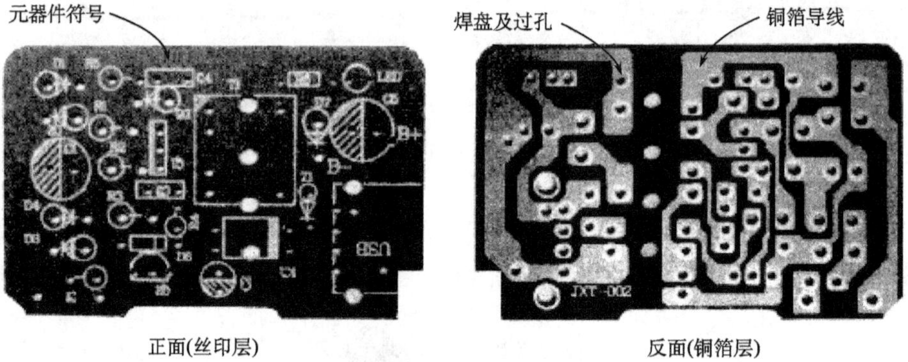

图 1.60　印制电路板

印制电路板加工出来后，就到了元器件焊装的时候。从电子市场或网上购买回来的各种元器件，首先使用万用表等对其质量进行检测，以确保电路制作的成功率。然后按照先小后大的原则，把元器件逐一焊装到印制电路板上。

焊装元器件只有两个步骤：插元器件入过孔、焊接元器件管脚与焊盘。图 1.61 是装配好的某款 PCB 样例。

图 1.61　装配好的 PCB 样例

1.3.4　焊接材料和工具

焊接材料包括烙铁焊台、烙铁支架、焊锡丝、焊接导线、万能板等，如图 1.62 所示。焊接是通过加热的烙铁将固态焊锡丝加热熔化，再借助于助焊剂的作用，使其流入被焊金属之间，待冷却后形成牢固可靠的焊接点。

焊接要注意正确的加热方法，合理使用助焊剂，焊点要饱满，不虚焊，不多锡。一般的加热温度为 300～350℃。长时间不使用烙铁，及时关闭电源，或者把温度调至 200℃左右保持预热。烙铁架电烙铁通电后温度较高，需要放置在专门的电烙铁架。

焊锡丝(Gored Solder)。焊锡丝是一种导体，是焊接的主要耗材，电烙铁对焊锡丝加热至熔化，当焊锡丝凝固后就会把元器件管脚与焊盘之间焊接起来，在固定的同时实现电气连接。焊锡丝中间已经混合有松香(助焊)，所以使用起来非常方便。根据不同的焊接要求可以选择焊锡丝的粗细，有 0.5mm、0.8mm、1mm 甚至更大的直径。

烙铁头[图 1.62(d)]可以控制加热的面积和热量，当焊盘较大时，用较大的截面式烙铁头，当焊接焊盘较小时，用尖嘴式烙铁头。刀形烙铁头焊接多脚芯片比较方便。

在电烙铁架的底座上还有一块专门用于擦拭电烙铁头的清洗海绵[图 1.62(e)]。在焊接过程中，电烙铁头常常会因氧化等产生“锅巴”而无法上锡继续焊接，这时将电烙铁头在浸过水的清洗海绵上轻轻擦拭即可。

焊接线可以使用专门用于飞线的 OK 线，单股单芯，线芯直径 0.25mm。焊接时也可以利用多余的引脚长度进行连接，但是因为引脚都是裸露的，所以要注意不能短路。还有利用灰排线进行焊接，如图 1.63 所示。

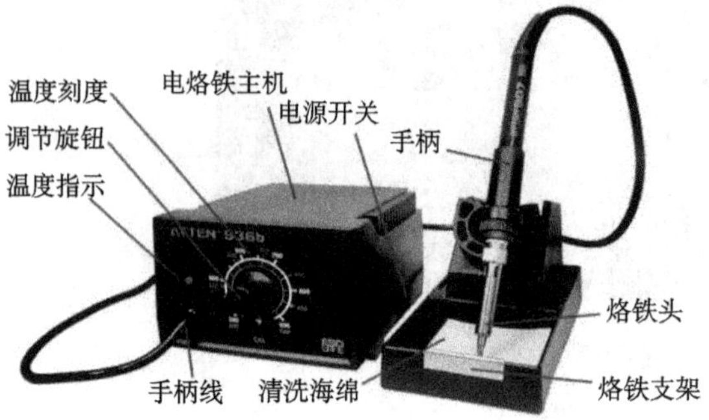

(a) 恒温型烙铁焊台

(b) 焊锡丝

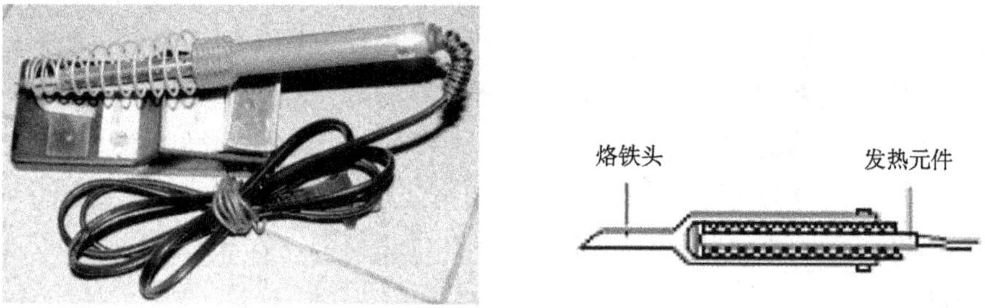

(c) 普通内热式烙铁

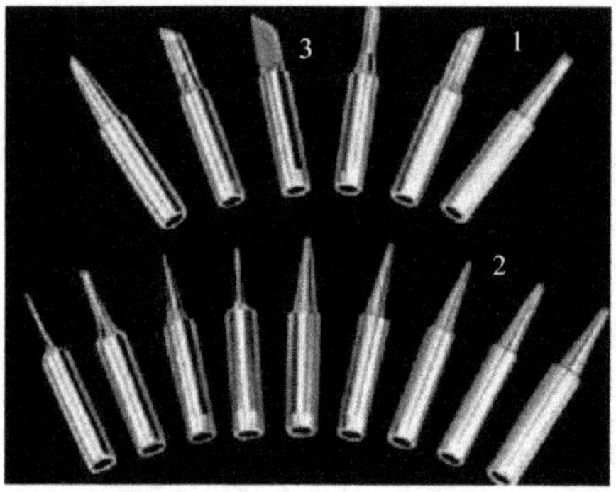

(d) 烙铁头 (1. 截面式；2. 尖嘴式；3. 刀头)

(e) 清洗海绵

图 1.62　焊接工具和材料

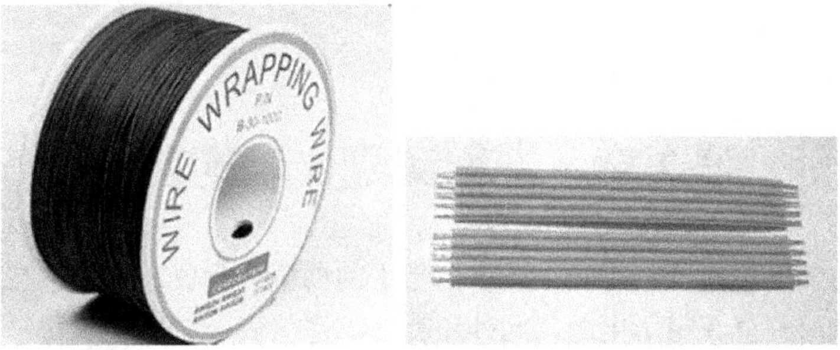

图 1.63　焊接导线

吸锡器(图 1.64)是一个小型的手动空气泵，压下吸锡器，就排出了吸锡器内的空气；当释放吸锡器的锁钮时，弹簧推动压杆迅速回到原位，在吸锡器腔内的形成负压力，就能够把熔化的焊锡吸走。

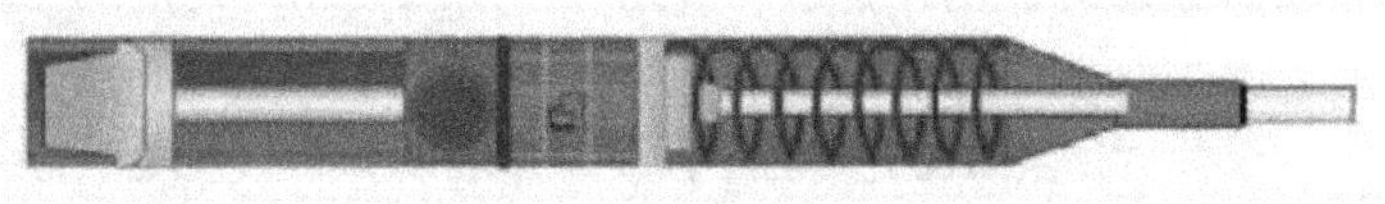

图 1.64　吸锡器

对于过长的引脚需要修剪，要使用修剪工具（图 1.65)。一般使用斜口钳截断元器件管脚或剪去导线，也可用来代替剥线钳去掉导线外的绝缘皮。

(a)斜口钳　　　　(b)镊子　　　　(c)剥线钳

图 1.65　修剪和操作工具

第 2 章　典型测量仪表的使用

测试测量用的电子仪表种类较多，常用的典型测量仪表主要包括万用板、示波器、信号源和直流稳压电源，此外还有交流毫伏表、频率计、扫频仪、频谱分析仪等。本节主要介绍常见的测量仪表。

2.1　数字万用表

2.1.1　了解数字万用表

万用表又称为复用表、多用表、三用表等，是电子电路设计领域不可缺少的测量仪表，主要用于测量电压、电流、电阻、电容、二极管等参数，也能测量电气连接的通断状态。万用表可以说是电子工程师的必备“武器”。万用表按显示方式分为指针万用表和数字万用表(图 2.1)，在十多年前，普通的指针万用表比较流行，而现在大家更喜欢用数字万用表。数字万用表具有数字显示功能，读数非常直观。

(a)指针万用表　　(b)用数字万用表进行测量

图 2.1　用万用表进行测量

2.1.2　认识数字万用表的挡位和测量

数字万用表有多个挡位，如图 2.2 所示，可以进行电压测量、电流测量、晶体管测量、电阻测量、电容测量，有些万用表还可以外接热电偶测量温度。这些功能可以从数字万用表的面板上看到。

数字万用表的面板如图 2.2 所示。

(1) 液晶显示：显示位数为四位，最大显示数为±1999，若超过此数值，则显示 1 或–1。也有显示数为 5 位的万用表，其精度更高。

(2) 量程开关：用来转换测量种类和量程。

(3) 电源开关：开关按下或拨至“ON”时，表内电源接通，可以正常工作；开关弹起或拨至“OFF”时则电源关闭。不少万用表在长期不使用时，具有自动关机功能。

(4) 输入插座：黑表笔始终插在“COM”孔内。红表笔可以根据测量种类和测量范围分别插入“VΩ”“mA”“20A”插孔中。

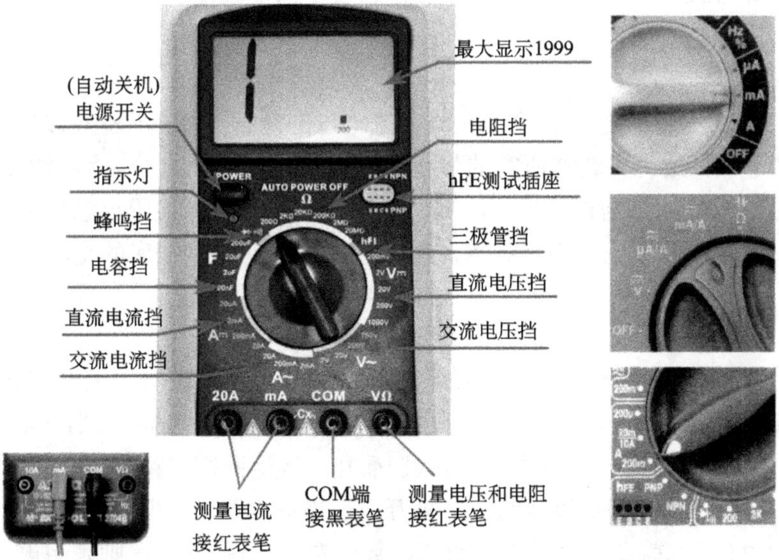

图 2.2　万用表的面板和挡位

1. 电压测量

(1) 直流电压的测量。直流电压如电池、随身听电源等，测量时首先将黑表笔插进“COM”孔，红表笔插进“VΩ ”。把挡位旋钮旋到比估计值大的量程(注意：表盘上的数值均为最大量程，“V－”表示直流电压挡，“V～”表示交流电压挡)，接着把表笔接电源或电池两端[图 2.3 (a)]，保持接触稳定。

测量数值可以直接从显示屏上读取，若显示为“1.”，则表明量程太小，就要加大量程后再测量工业电器。如果在数值左边出现“–”，则表明表笔极性与实际电源极性相反，此时红表笔接的是负极。

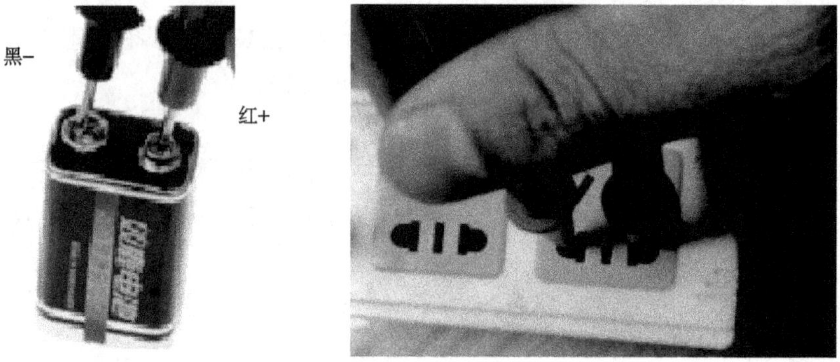

(a) 电池电压“V－”　　(b) 市电测量“V~”

图 2.3　电压测量

⑵交流电压的测量。表笔插孔与直流电压的测量一样，不过应该将旋钮打到交流挡“V～”处，并选择所需的量程。交流电压无正负之分，测量方法跟前面相同。无论测交流还是直流电压，都要注意安全，不要随便用手触摸表笔的金属部分，以免对电路或人身造成损害。图 2.3⒝为正在测量插座的交流电压。

2. 电流测量

⑴直流电流的测量。先将黑表笔插入“COM”孔。若测量大于 200mA 的电流，则要将红表笔插入“20A”插孔并将旋钮打到直流“A–”挡；若测量小于 200mA 的电流，则将红表笔插入“mA”插孔，将旋钮打到直流 200mA 以内的合适量程。调整好后，就可以测量了。将万用表串进电路中，保持稳定，即可读数。若显示为“1.”，就要加大量程；如果在数值左边出现“–”，则表明电流从黑表笔流进万用表。

⑵交流电流的测量。挡位应该打到交流电流挡位“A～”，测量方法与⑴相同。

3. 电阻和二极管测量

⑴电阻的测量。将表笔插进“COM”和“VΩ”孔中，把旋钮打到“Ω”挡中所需的量程，用表笔接在电阻两端金属部位，测量中可以用手接触电阻，但不要把手同时接触电阻两端，这样会影响测量精确度。读数时，要保持表笔和电阻有良好的接触；注意单位：在“200”挡时单位是“Ω”，在“2K”到“200K”挡时单位为“kΩ”，“2M”以上的单位是“MΩ”。

(2) 二极管的测量。数字万用表可以测量各种二极管导通特性。测量时，表笔位置与电压测量一样，将旋钮旋到二极管挡。用红表笔接二极管的阳极，黑表笔接阴极，这时会显示二极管的导通压降。肖特基二极管的压降是 0.2V 左右，普通硅整流管约为 0.6V，发光二极管为 1.8～2.3V。调换表笔，显示屏显示“1.”原因是二极管的反向电阻很大，如图 2.4 所示。

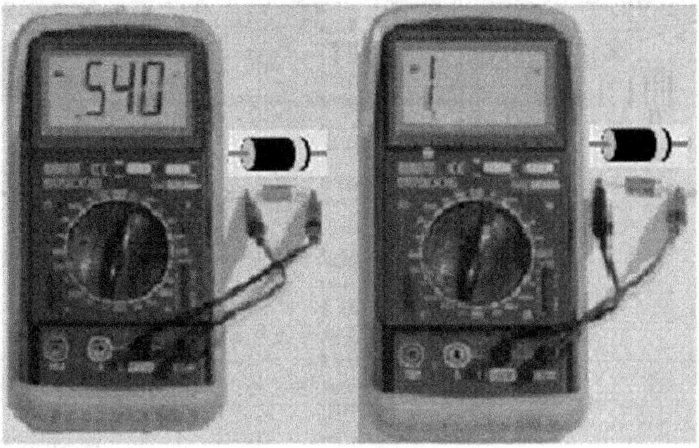

图 2.4　二极管测量

二极管挡和通断挡的区别

二极管挡主要测量二极管的正向压降，而通断挡主要测量线路的通断，有的万用表把通断挡和二极管挡做在了一起，有的万用表却把这两个挡位分开做。二极管挡内部自身产生一个 2.8V 左右的电压源，加到“VΩ”孔和“COM”孔，当红黑表笔接到被测二极管两端时主要测量二极管的正反向导通压降。而通断挡主要靠运算放大器控制蜂鸣器发声，如果被测回路阻值低于某个数值(大约是 60Ω，每个万用表有差异)，万用表发出蜂鸣声。

2.2　函数信号发生器

函数信号发生器用于产生标准信号源，要学会使用信号发生器产生正弦波、方波、三角波等基本信号的方法。

图 2.5 是 VD1641 型函数信号发生器。仪器面板有波形选择按钮、频率挡位选择按钮、频率调节旋钮、幅度调节旋钮等。幅度调节旋钮旁边还有幅度衰减开关，当需要较小信号幅度时，可以打开衰减开关。信号发生器左下按键是电源按键，右下是信号输出端子(BNC 接口)。表 2.1 是该信号发生器的性能指标列表。

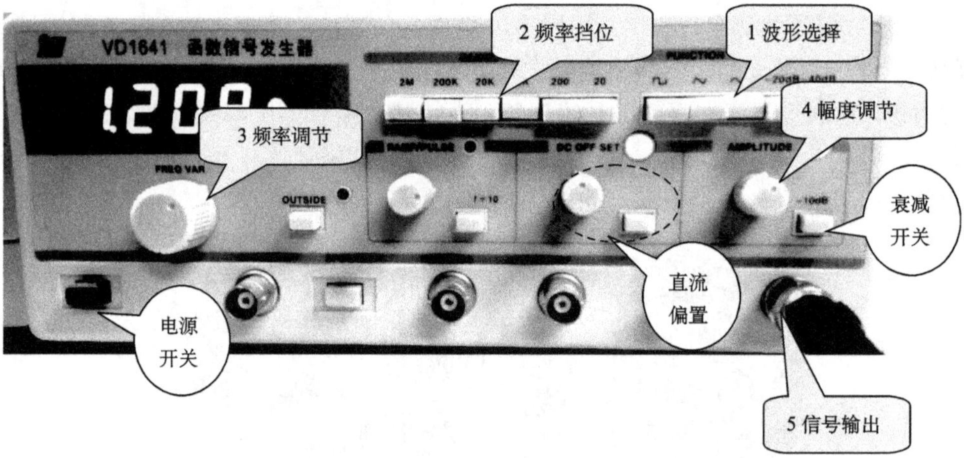

图 2.5　函数信号发生器

表 2.1　VD1641 型函数信号发生器的性能指标

名称	数据	名称	数据
波形	正弦波、方波、三角波、脉冲波、锯齿波等	占空比	10%～90%连续可调
频率	0.2Hz～2MHz	输出阻抗	50Ω±10%
显示	4 位数显	正弦失真	≤2%(20Hz～20kHz)
频率误差	±1%	方波上升时间	≤5ns
幅度	1mV～25V_{P-P}	TTL 方波输出	≥3.5V_{P-P} 上升时间≤25ns
功率	≥3W_{P-P}	外电压控制扫频	输入电平 0～10V
衰减器	0dB、-20dB、-40dB、-60dB	输出频率	1∶100
直流电平	-10V～+10V		

函数信号发生器的使用要点

(1) 将仪器接入交流电源，按下电源开关。

(2) 按下所需选择波形的功能开关。

(3) 当需要脉冲波和锯齿波时，拉出并转动 RAMP/PULSE 开关，调节占空比，此时频率为指示值÷10，其他状态时关掉。

(4) 当需小信号输入时，按入衰减器。

(5) 调节幅度至需要的输出幅度。

(6) 调节直流电平偏移至需要设置的电平值，其他状态时关掉，直流电平将为零。

(7) 当需要 TTL 信号时，从脉冲输出端输出，此电平将不随功能开关改变。函数信号发生器使用时的注意事项如下：

①把仪器接入交流电源之前，应检查交流电源是否和仪器所需要的电源电压相适应。

②仪器需预热 10min 后方可使用。

③不能将大于 10V(DC+AC) 的电压加至输出端、脉冲端和 VCF 端。

2.3　电子示波器

电子示波器的作用是把人眼无法观测的电信号，直观地显示出来。示波器能观察电信号随时间的变化情况，可以直接观测信号波形、幅度、周期(频率)等基本参量，也可以观测相关信号之间的关系。

图 2.6(a) 为典型的数字电子示波器面板，图 2.6(b) 为实验中所用的 VDS1022C 型电子示波器，这是一台双通道示波器，基本功能有输入通道、水平调节旋钮、垂直调节旋钮、触发调节、自动跟踪测量、运行/停止按钮。图 2.6(c) 为 TDS-2024 四通道示波器面板，其基本操作都是相通的。

使用示波器时由输入通道输入被测信号，通过调节水平和垂直旋钮，合理显示观察范围，进行波形测量。对于周期信号，也可通过 AUTO 按键自动完成波形的观测。

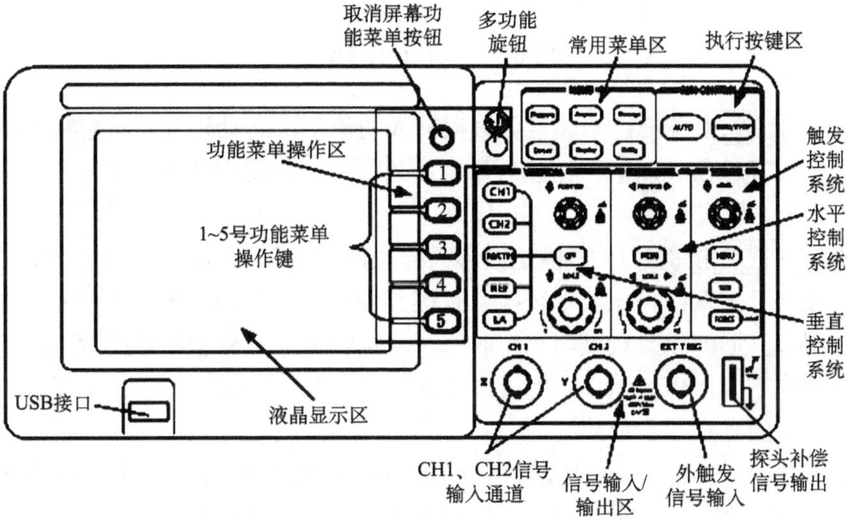

(a) 数字电子示波器典型面板

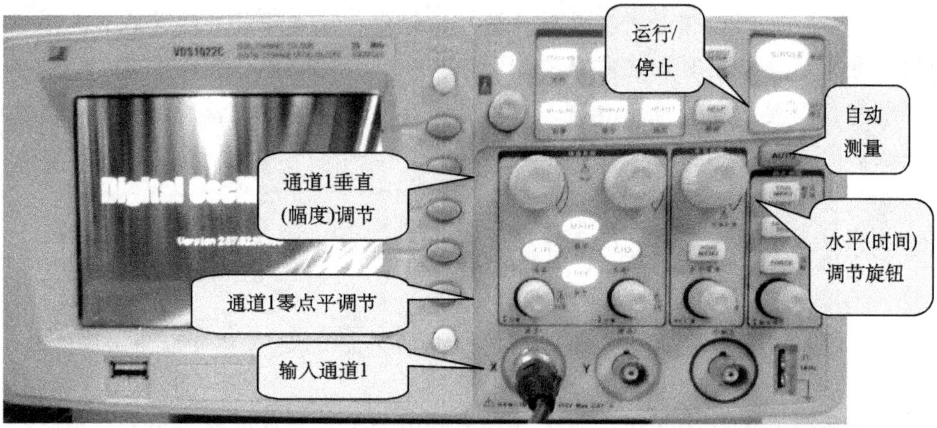

(b) 双通道示波器

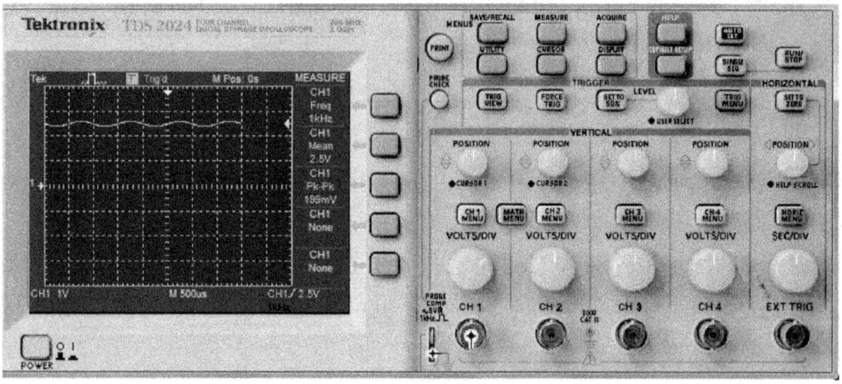

(c) TDS-2024四通道示波器面板

图 2.6　几种电子示波器面板

按下 AUTO 按键，示波器将根据输入的信号，自动设置和调整垂直、水平及触发方式等各项控制值，使波形显示达到最佳适宜观察状态，如需要，还可进行手动调整。

RUN/STOP 按键为运行/停止波形采样按键。运行(波形采样)状态时，按键为黄色；按一下按键，停止波形采样且按键变为红色，有利于绘制波形并可在一定范围内调整波形的垂直衰减和水平时基；再按一下，恢复波形采样状态。

垂直控制区，POSITION 旋钮调节该通道“地”(GND)标志的显示位置，从而调节波形的垂直显示位置。

垂直比例 SCALE 旋钮调整所选通道波形的显示幅度。转动该旋钮改变“VOLT/DIV(伏/格)”垂直挡位，同时下状态栏对应通道显示的幅值也会发生变化。CH1、CH2、MATH、REF 为通道或方式按键，按下某按键屏幕将显示其功能菜单、标志、波形和挡位状态等信息。

水平控制区主要用于设置水平时基的调节，水平位置 POSITION 旋钮调整信号波形在显示屏上的水平位置，转动该旋钮不但波形随旋钮而水平移动，且触发位移标志“T”也在显示屏上部随之移动，移动值则显示在屏幕左下角。

水平比例 SCALE 旋钮调整水平时基挡位设置，转动该旋钮改变“SEC/DIV（秒/格）”水平挡位，下状态栏 Time 后显示的主时基值也会发生相应的变化。

2.4　直流稳压电源

2.4.1　直流稳压电源功能

电子设备工作时，必须使用电源作为工作动力。电视机、机顶盒等电子设备使用市电作为电源输入，设备内部有独立的整流稳压模块，产生内部电路所需的供电电压；移动式电子设备，如 MP3、手机等使用电池作为电源；而在实验室搭建的电子电路系统在成品之前，通常使用专门的仪器——直流稳压电源进行供电。直流稳压电源可以方便地提供常规范围内的各种直流电压，一般在±30V。当然，直流稳压电源本身也是需要外部供电（市电）的。

图 2.7 为实验用直流稳压电源 VD1710-3A，具体功能可参见表 2.2。主要操作和性能指标如下。

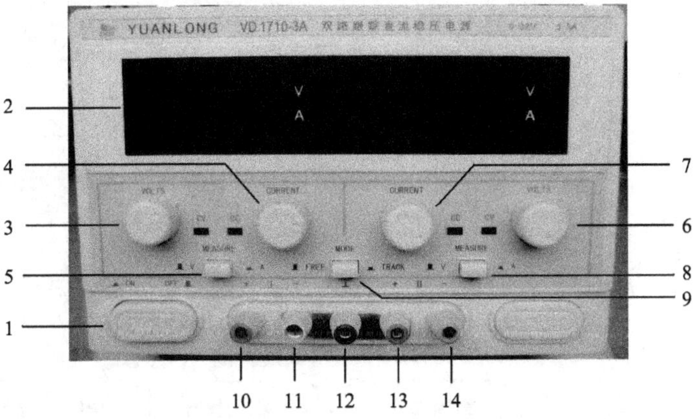

图 2.7　VD1710-3A 型直流稳压电源面板结构示意图

（1）二路独立输出 0～30V 连续可调，最大电流为 3A；二路串联输出时，最大电压为 60V，最大电流为 3A；二路并联输出时，最大电压为 30V，最大电流为 6A。

(2)主回路变压器的次级无中间抽头，故输出直流电压为 0～30V 不分挡。

(3)独立(Indep)、串联(Serles)、并联(Parallel)是由一组按钮开关在不同的组合状态下完成的。

根据两个不同值的电压源不能并联、两个不同值的电流源不能串联的原则，在电路设计上将两路 0～30V 直流稳压电源在独立工作时电压(Voltage)、电流(Current)独立可调，并由两个电压表和两个电流表分别指示，在串联或并联时，两个电源分为主路电源(Master)和从路电源(Slave)。

表 2.2　稳压电源 VD1710-3A 面板功能介绍

编号	功能说明	编号	功能说明
1	电源开关	9	跟踪模式选择按钮
2	Ⅰ、Ⅱ路电压电流输出显示	10、13	Ⅰ、Ⅱ路输出“+”
3、6	Ⅰ、Ⅱ路电压调节旋钮	11、14	Ⅰ、Ⅱ路输出“−”
4、7	Ⅰ、Ⅱ路电流调节旋钮	12	接地端
5、8	Ⅰ、Ⅱ路输出电压电流选择按钮		

实验室还有其他类似形式的直流稳压电源，如图 2.8 所示，其操作方式和功能与上述电压源基本相同。图中电压源还具有右侧固定 5V 输出方式。

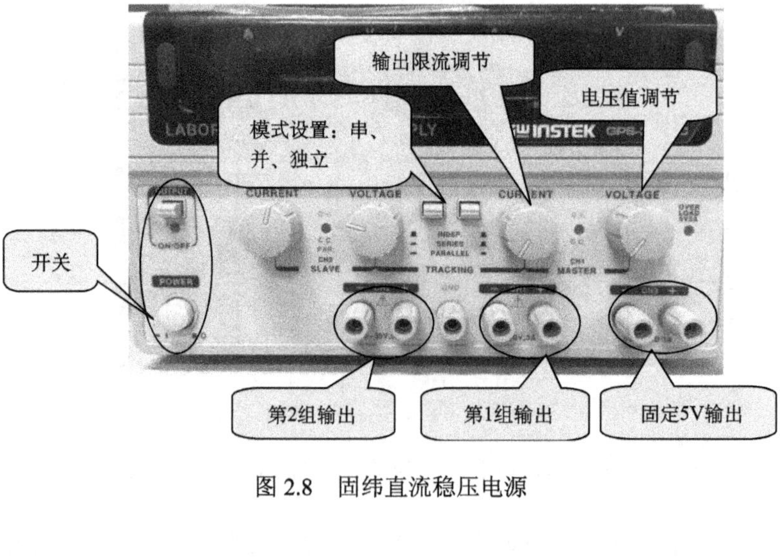

图 2.8　固纬直流稳压电源

2.4.2　给电子系统进行供电

使用直流稳压电源给实际电路供电时，供电要求主要受制于使用的电子元件。

有时候情况是非常多样的，往往存在多种电压要求的情况。例如，数字逻辑芯片使用单电源 5V 供电，模拟器件则通常需要双电源±12V 电压供电，另外还有低压芯片会用到 3.3V 的供电电压。

总体上，供电要求可以分为单电源供电和双电源供电(正负电压)。图 2.9 为电源供电拓扑示意图。其中 3.3V 电压通过内部电路进行转换获得。

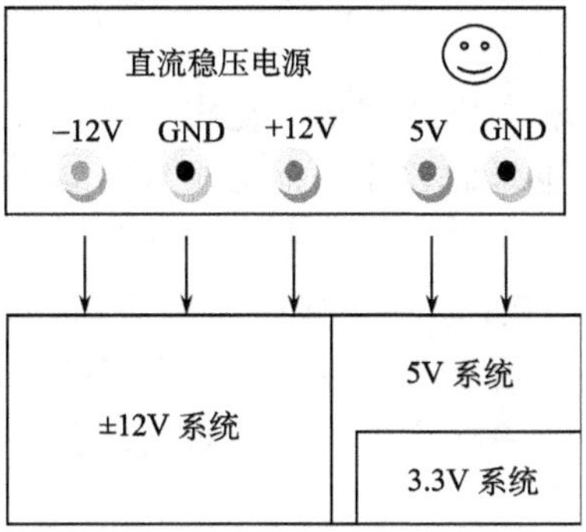

图 2.9　电源供电拓扑示意图

在实际应用中，初学者可以在条件允许的情况下，选择单一的供电电压，以简化电源的使用要求。在本书中，如无特别说明，将统一采用单电源电压供电，典型值为 5V，使用 VCC 来表示。

2.4.3　注意共地

电源在电子电路设计中非常重要，不仅提供电路工作的能量，也为电路的正确运行提供参考基准(地)。整个电子电路系统在运行时，必须有一个参考基准，也就是系统的零电平，称为地(GND)。通常情况下，系统只使用一个地。如果电路中有不同的系统模块和供电要求，那么这些模块各自的“地”必须连接在一起，成为一个共同的参考基准，这种连接称为共地。如图 2.10 所示，电路中的地(GND)端子必须进行共地连接。

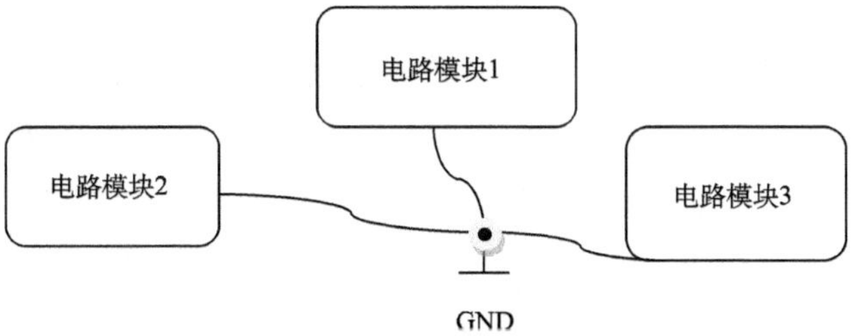

图 2.10　系统模块的共地连接示意图

为什么要共地?

在电路的连接调试过程中，仪器的接地端是否正确连接，是一个很重要的问题。如果接地端连接不正确，或者接触不良，直接影响测量精度，甚至影响测量结果的正确与否。在实验中，直流稳压电源的地即电路的地端，所以直流稳压电源的“地”一般要与实验板的“地”连接起来。稳压电源的“地”是与机壳连接起来的，这样就形成了一个完整的屏蔽系统，减少了外界信号的干扰，这就是常说的“共地”。

示波器的“地”应该和电路的“地”连在一起，否则看到的信号是“虚地”的，是不稳定的。信号发生器的“地”也应该和电路的“地”连接在一起，否则会导致输出信号的不正确。特别是毫伏表的“地”，如果悬空，就得不到正确的测量结果；如果地端接触不良，就会影响测量精度。正确的解法是，毫伏表的“地”尽量直接接在电路的地端，而不要用导线连至电路接地端，这样就可以减小测量误差。在通信电子线路中的一些仪器，如扫频仪，也应该和电路“共地”。

第 3 章　学习电路 CAD 软件

在电路设计中，必然要涉及电路图的处理，在专门介绍原理图设计和电路仿真的课程开设之前，通过自学，初学者也应该掌握基本的画图软件，了解基本的原理图画法。

3.1　了解常用的电路 CAD 软件

3.1.1　电路 CAD 软件概述

CAD(Computer Aided Design，计算机辅助设计)是利用计算机及其图形设备帮助设计人员进行设计工作，属于电子设计自动化(EDA)的一部分，图 3.1 是某电路 CAD 软件的输出效果图。

图 3.1　CAD 软件的 PCB 模型

电路 CAD 软件主要实现了电子电路系统的仿真功能，起到了原理图设计、参数计算、性能验证等作用。

基础电子电路的仿真主要分析由元器件构成的电路性能，包括数字电路的逻辑仿真和模拟电路的交直流分析、瞬态分析等。电路级仿真必须有元器件模型库的支持，仿真信号和波形输出代替了实际电路调试中的信号源和示波器，主要检验设计方案在功能方面的正确性。电路仿真技术使设计人员在实际电子系统产生之前，就有可能全面地了解电路的各种特性。目前比较流行的电路 CAD 仿真软件有 OrCAD、Protel、Multisim、TINA、Proteus、Pspice、Matlab、EWB 等。

电路仿真软件的基本特点主要体现在仿真项目的数量和性能、仿真元器件的数量和精度、数据显示和处理能力、虚拟仪器和教育功能。

3.1.2　常用电路 CAD 软件比较

1. Electronics Workbench（以下简称 EWB）

EWB 软件（图 3.2）是加拿大交互图像技术有限公司（Interactive Image Technologies Ltd）在 20 世纪 90 年代初推出的 EDA 软件。EWB 建立在 SPICE 基础上，用于模拟电路和数字电路的混合仿真，提供了各种各样的电子工具，如万用表、示波器、信号发生器、逻辑分析仪等。它的器件库中则包含了许多大公司的晶体管元器件、集成电路和数字门电路，器件库中没有的元器件，还可以由外部模块导入。

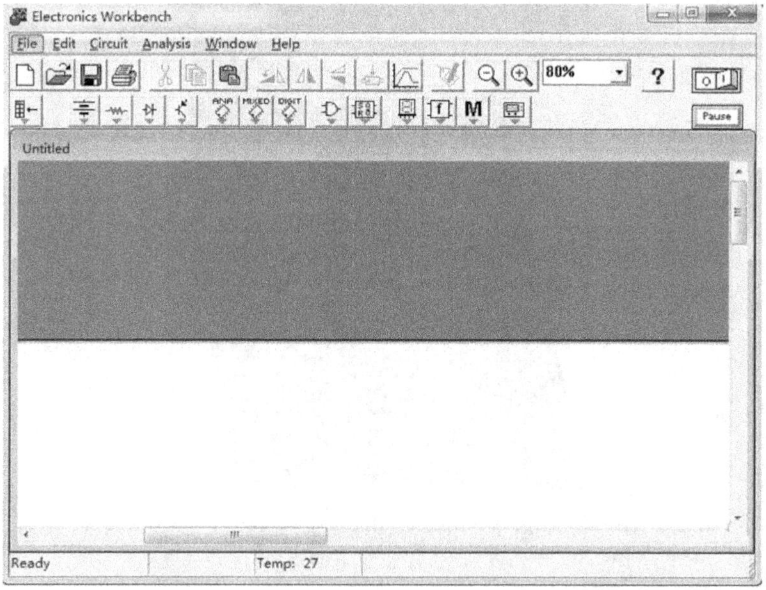

图 3.2　EWB 软件界面

在众多的电路仿真软件中，EWB 是最容易学会的，是一款小巧，但是仿真功能十分强大的软件。它的工作界面非常直观，原理图和各种工具都在同一个窗口内，未接触过它的人稍加学习就可以很熟练地使用该软件，对于电子设计工作者来说，它是个极好的 EDA 工具。

2. TINA 和 TINA-TI

TINA 是在 Microsoft Windows 操作系统中运行的基于 SPICE 的电路模拟器。可执行电路 DC、AC、瞬态、傅里叶、噪声分析等。TINA 可通过供应商(DesignSoft)位于 www.tina.com 的网页购买。

TINA-TI(图 3.3)是 TINA 的简单版本，具有电路仿真的完整功能。此外，TINA-TI 包含更多的 TI 器件模型和 TI 器件信息。TI 通过 www.ti.com/analogelab 在全球免费发布 TINA-TI。TINA-TI™ 是完整功能版本的 TINA，和 TI 的精简模型以及无源和有源模型一起加载。TINA-TI 只限于具有两个 IC 电路(最多 20 个附加节点)。

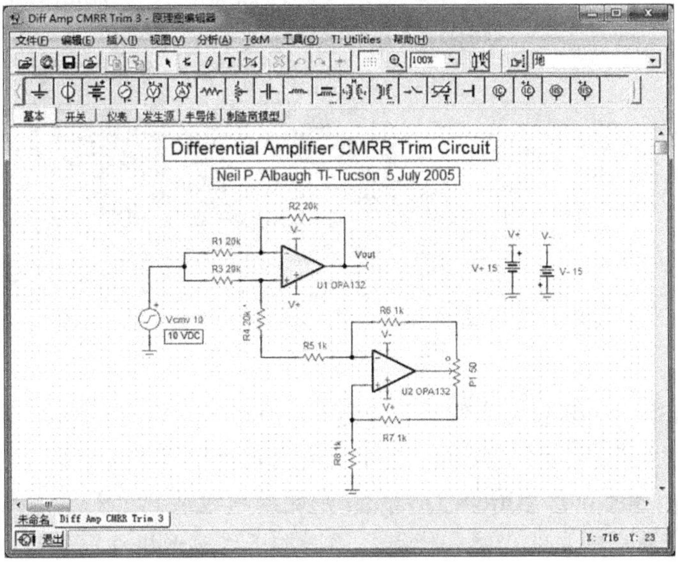

图 3.3　TINA-TI 仿真图

基于 SPICE 引擎，TINA-TI 提供了 SPICE 的所有传统直流、瞬态和频率域分析以及更多。TINA 具有广泛的后处理功能，允许按照希望的方式设置结果的格式。虚拟仪器允许选择输入波形、探针电路节点电压和波形。TINA 的原理图绘制和捕捉非常直观，可以真正地“快速入门”。

3. Protel 和 Altium Designer

Protel 是 Altium 公司在 20 世纪 80 年代末推出的 EDA 软件，在电子行业的

CAD 软件中，它当之无愧地排在众多 EDA 软件的前面，是电子设计者的首选，它较早就在国内开始使用，在国内的普及率也最高，有些高校的电子专业还专门开设了课程来学习它，几乎所有的电子公司都要用到它，许多大公司在招聘电子设计人才时在其条件栏上常会写着要求会使用 Protel。

Protel 的主要版本有 Protel 99、Protel 99SE(图 3.4)、Protel DXP、Protel 2004，完全安装有 200 多兆，它工作在 Windows 环境下，是个完整的板级全方位电子设计系统，并具有 Client/Server(客户/服务器)体系结构，同时还兼容一些其他设计软件的文件格式，如 OrCAD、PSpice、Excel 等。

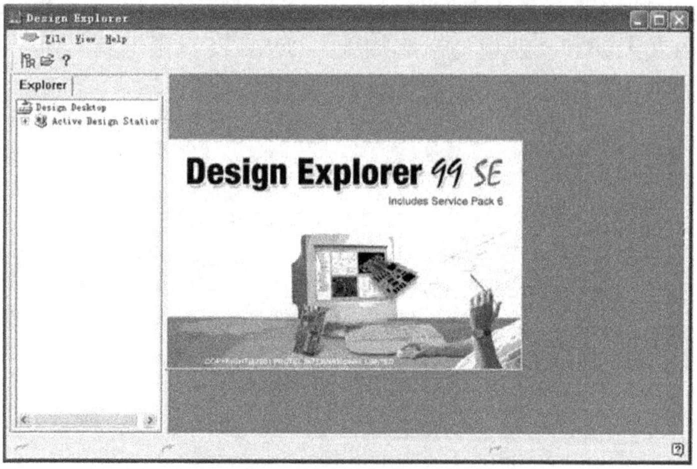

图 3.4　经典的 Protel 99SE

今天，Protel 99SE 看上去似乎有点过时，但依然受很多硬件老工程师的钟爱。

2005 年底，Protel 软件的原厂商 Altium 公司推出了 Protel 系列的最新高端版本 Altium Designer 6.0。Altium Designer 全面继承包括 Protel 99SE 和 Protel 2004 在内的先前一系列版本的功能和优点，还增加了许多改进和很多高端功能，全面集成了 FPGA 设计功能和 SOPC 设计实现功能，从而允许工程师能将系统设计中的 FPGA 与 PCB 设计以及嵌入式设计集成在一起。图 3.5 是 Altium 的中文网站。

Altium Designer 通过把原理图设计、电路仿真、PCB 绘制编辑、拓扑逻辑自动布线、信号完整性分析和设计输出等技术完美融合，为设计者提供了全新的设计解决方案，使设计者可以轻松进行设计，熟练使用这一软件必将使电路设计的质量和效率极大地提高。图 3.6 是该软件的绘制 PCB 的 3D 效果图。

目前最高版本为 Altium Designer 17。Altium Designer 可以申请完整版软件的 15 天免费试用。

图 3.5 Altium 中文网站

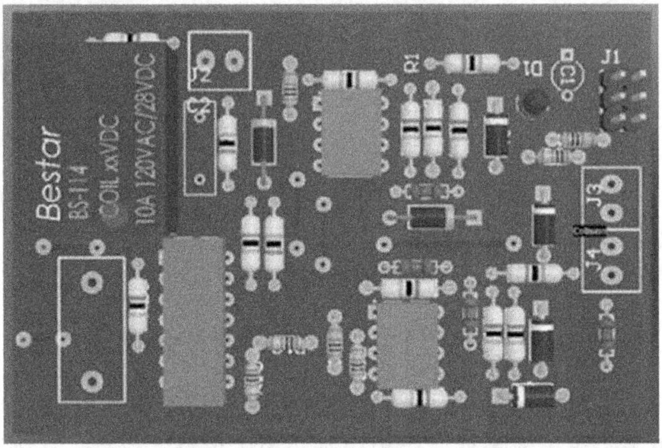

图 3.6 Altium Designer 绘制 PCB 的 3D 效果

4. Multisim 和 OrCAD

Multisim 主要用于电路原理的仿真设计，帮助设计者快速了解电路的仿真结果。OrCAD 主要用于绘制工程电路原理图，也可以用于设计 PCB。OrCAD 的功能和 Altium Designer 或者其早期版本 Protel DXP 比较类似。

Multisim 和 OrCAD 本身并没有太多的联系，由于这两款软件在本书中可能会率先应用，下面将对此作重点介绍。

3.2　Multisim 仿真软件使用

1.　Multisim 仿真软件概述

Multisim 是美国国家仪器(NI)有限公司推出的以 Windows 为基础的仿真工具，适用于板级的模拟/数字电路板的设计工作。最新的软件信息可以从 NI 的网站获取，如图 3.7 所示。

图 3.7　NI 公司网站获取 Multisim 信息

NI Multisim 10 是一个原理电路设计、电路功能测试的虚拟仿真软件。用软件的方法虚拟电子与电工元器件，虚拟电子与电工仪器和仪表，实现了“软件即元器件”“软件即仪器”。NI Multisim 元器件库提供数千种电路元器件供实验选用，同时也可以新建或扩充已有的元器件库，而且建库所需的元器件参数可以从生产厂商的产品使用手册中查到，因此也能很方便地在工程设计中使用。

Multisim 具有较为详细的电路分析功能，可以完成电路的瞬态分析和稳态分析、时域和频域分析、器件的线性和非线性分析、电路的噪声分析和失真分析、离散傅里叶分析、电路零极点分析、交直流灵敏度分析等电路分析方法，以帮助设计人员分析电路的性能。

2.　Multisim 10 仿真软件的主要界面和元器件调取

作为标准的 Windows 操作界面，菜单和工具条属于标准配置，如果只是进行简单的原理图绘制，只需要了解元器件、虚拟测试仪器、工程设计栏和电路绘制区的基本操作，如图 3.8 和图 3.9 所示。

图 3.8　Multisim 10 软件启动界面

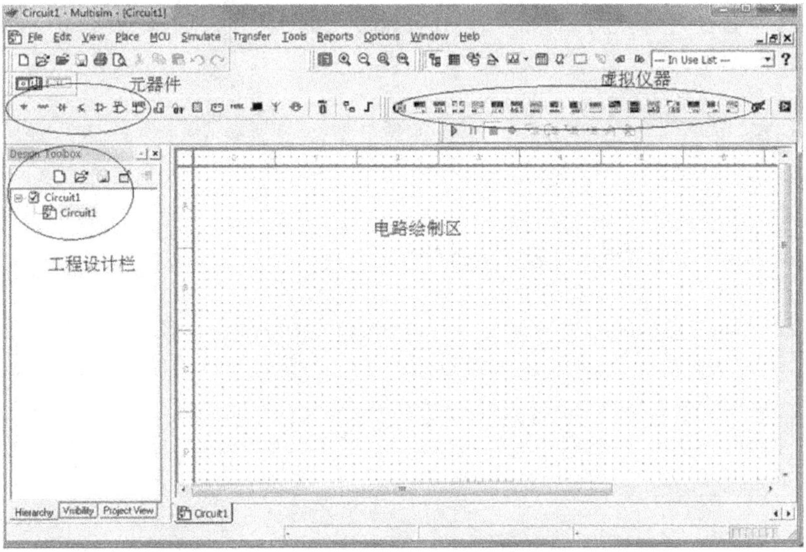

图 3.9　Multisim 软件工作主界面

元器件的调取如图 3.10 所示，单击元器件栏任意图标，可以进入相应元器件选择界面，在分组栏的下拉列表中，可以看到所有待选取的元器件分类。

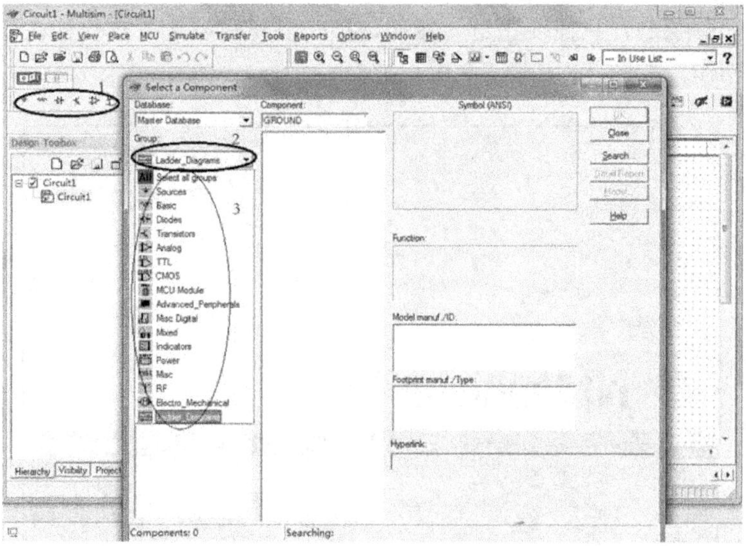

图 3.10　Multisim 中元器件的调取

常规的虚拟器件主要有电源(Sources)(图 3.11)、基础元件(Basic)（图 3.12，包括电阻、电容、开关等)、二极管(Diodes)（图 3.13)、三极管(Transistors)（图 3.14)等。

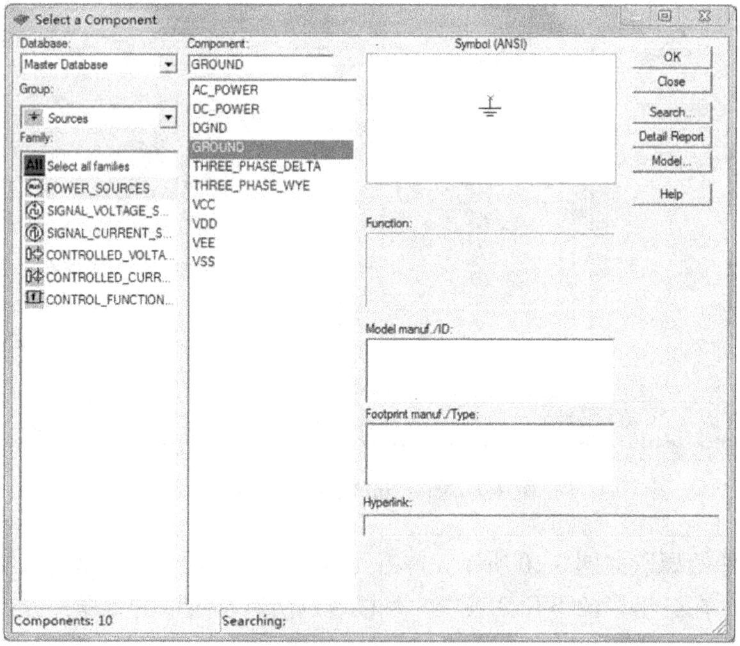

图 3.11　电源(Sources)

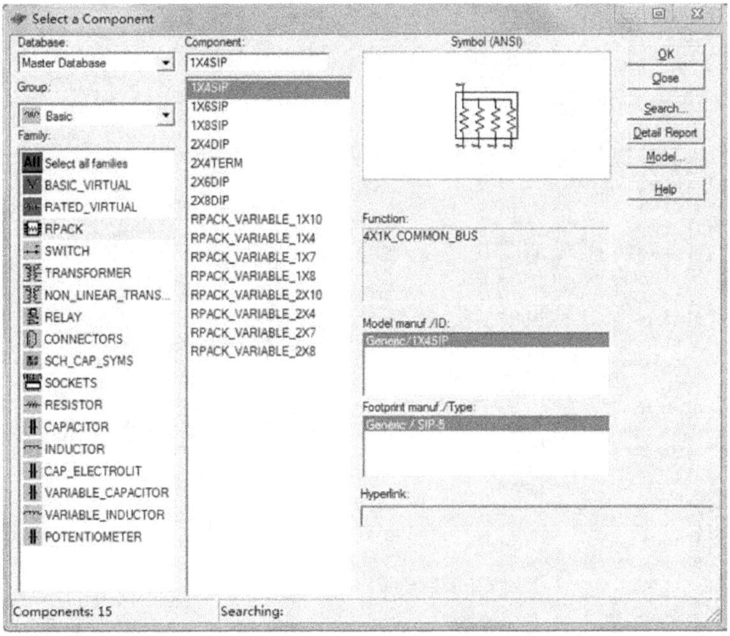

图 3.12　基础元件(Basic)

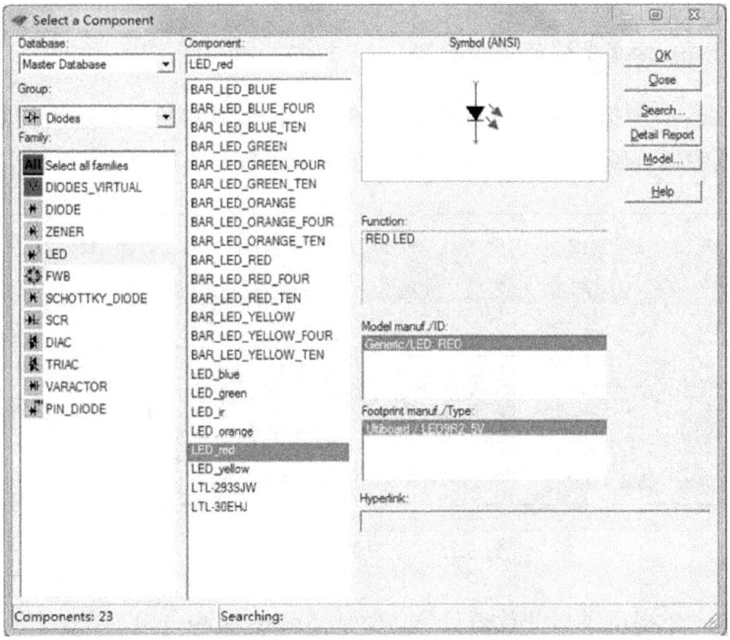

图 3.13　二极管(Diodes)

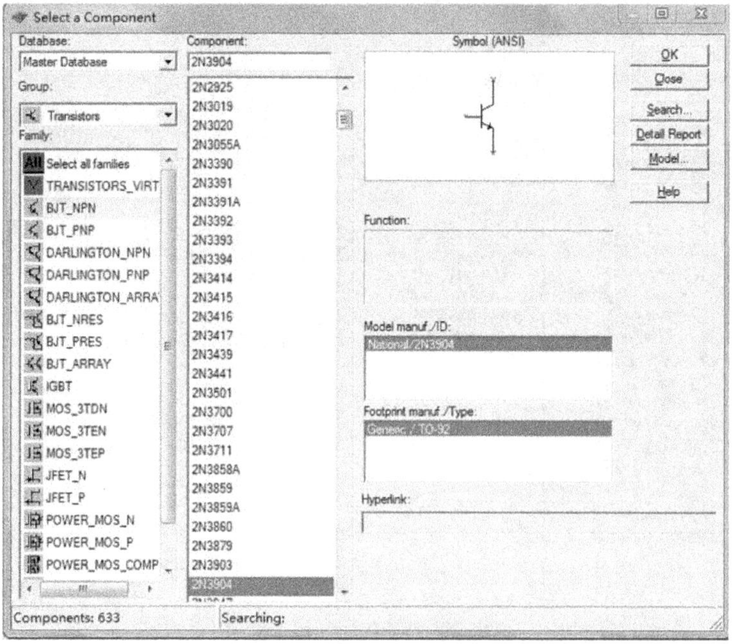

图 3.14　三极管(Transistors)

3. Multisim 仿真软件的虚拟仪器

Multisim 的虚拟测试仪器仪表种类齐全，有一般实验用的通用仪器，如万用表、信号发生器、双通道示波器、直流电源等，如图 3.15 所示。

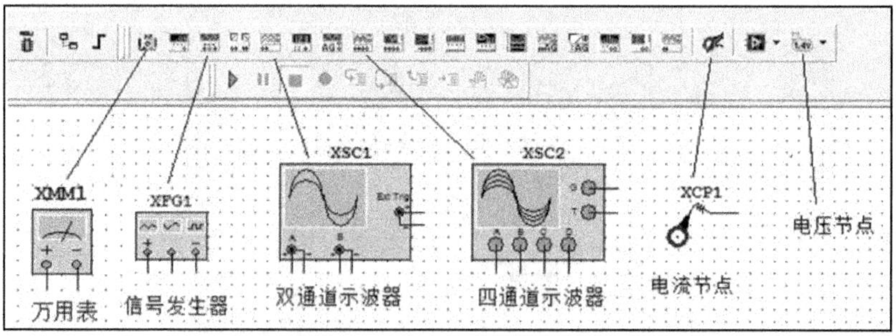

图 3.15　虚拟通用测量仪表

Multisim 还提供了专业仪器厂家，如是德科技(Keysignt，原安捷伦公司)的信号发生器、万用表等虚拟仪器(图 3.16)，还有泰克公司的四通道示波器(图 3.17)，具有看上去“完全真实”的虚拟面板，可以提供更好的应用体验。

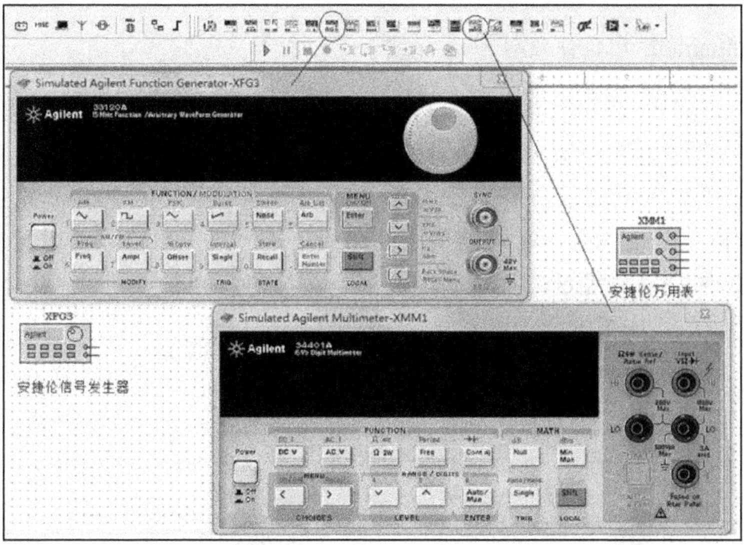

图 3.16　安捷伦虚拟信号发生器和安捷伦虚拟数字万用表

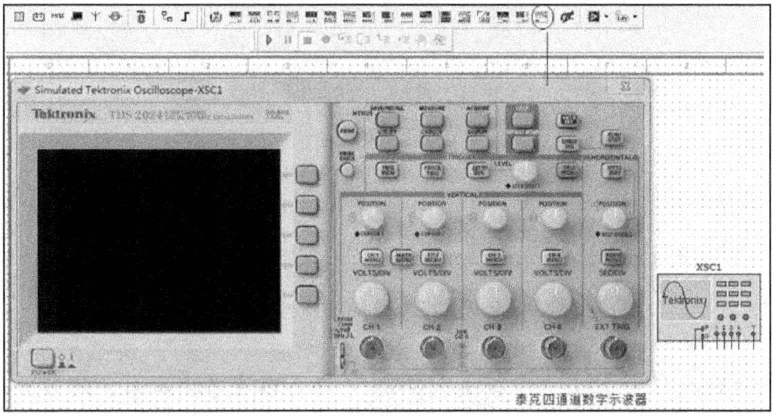

图 3.17　泰克四通道示波器

除此之外还有一般实验室少有或没有的仪器，如波特图、字信号发生器、逻辑分析仪、逻辑转换器、失真度仪、频谱分析仪和网络分析仪等，如图 3.18 所示。

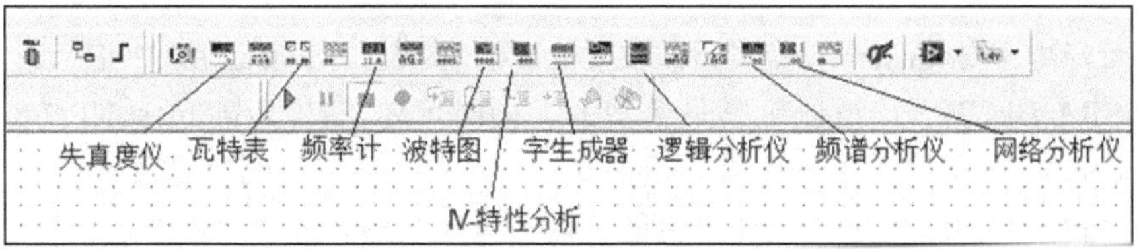

图 3.18　其他测试测量的虚拟仪器仪表

4. Multisim 仿真软件设计和运行演示

针对二极管单向导电性的演示与验证，建立电路图(图 3.19)，这里用到函数信号发生器和泰克四通道示波器。函数信号发生器可以产生幅值、频率、占空比都可调的波形，可以是正弦波、三角波、方波等。这里产生电路的输入信号——1kHz 正弦波，幅值 10V。示波器使用两个通道，一路用来检测信号发生器波形，另一路用来监视信号经过二极管后的波形变化情况。

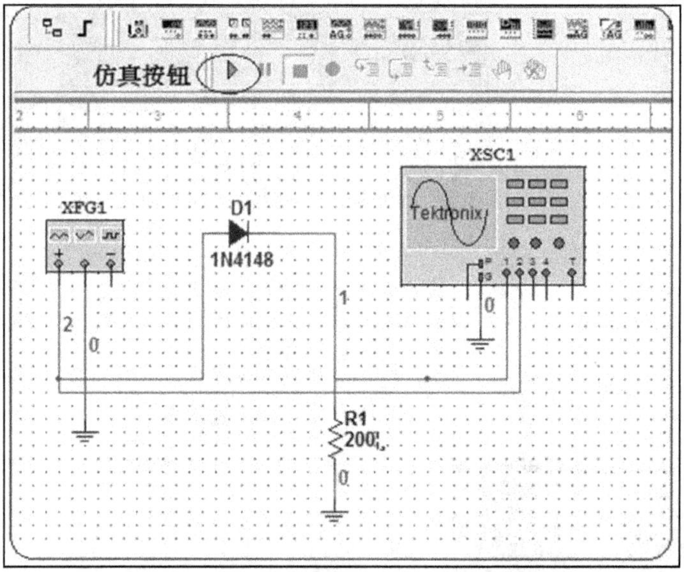

图 3.19　二极管单向导电性电路图

打开仿真，双击示波器查看示波器两个通道的波形。如图 3.20 所示，可以看到，在信号经过二极管前，是完整的正弦波，经过二极管后，正弦波的负半周消失了。可以试着把信号发生器的波形改为三角波、矩形波，再观察输出效果。可以得出同样的结论：二极管正向偏置通过，反向偏置截止，具有单向导电性。

5. MultiSIM BLUE 版本

贸泽电子(Mouser)与美国国家仪器(NI)合作推出 Mouser 版 PCB 设计工具 MultiSIM BLUE。该设计工具是免费的，同时可以支持 Windows XP/7/8 以及 Windows Vista 等多种操作系统。目前支持中、英、德三种语言。

MultiSIM BLUE 电路设计平台能让众多对电路感兴趣的用户通过使用贸泽电子提供的元件来创造、探索和搭建可正常运行的电子设计。使用 MultiSIM BLUE

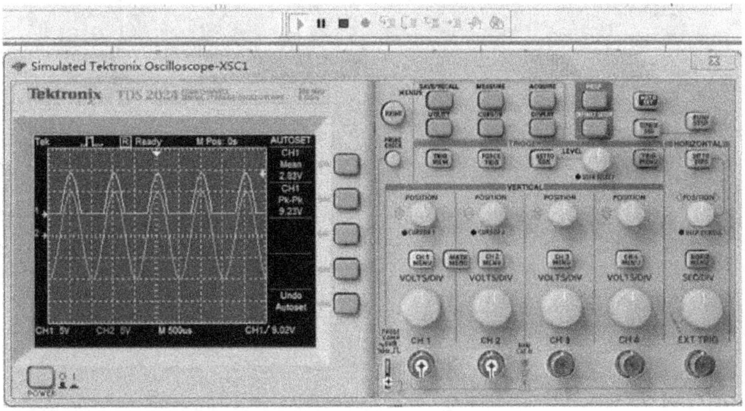

图 3.20　示波器仿真的波形结果

平台，可以连接电路网表，通过使用串联的虚拟仪器与内建的基本 SPICE 模型 1 来探索基本的电路特性，创建 PCB 布局并购买所需的电子元件。MultiSIM BLUE 平台的一个关键特色是由贸泽电子更新的贸泽数据库，为用户提供众多来自领先元件厂商的最新元件。

1) 下载 MultiSIM BLUE

单击贸泽电子 MultiSIM BLUE 主页上的 Download for FREE 按钮开始下载(图 3.21)。

图 3.21　下载 MultiSIM BLUE

这时从 mouser.com 跳转至 NI 的网站。在这里，需要填写注册表格(图 3.22)，然后开始下载。MultiSIM BLUE 体积大约 770MB。下载之后，运行.exe 文件开始安装。

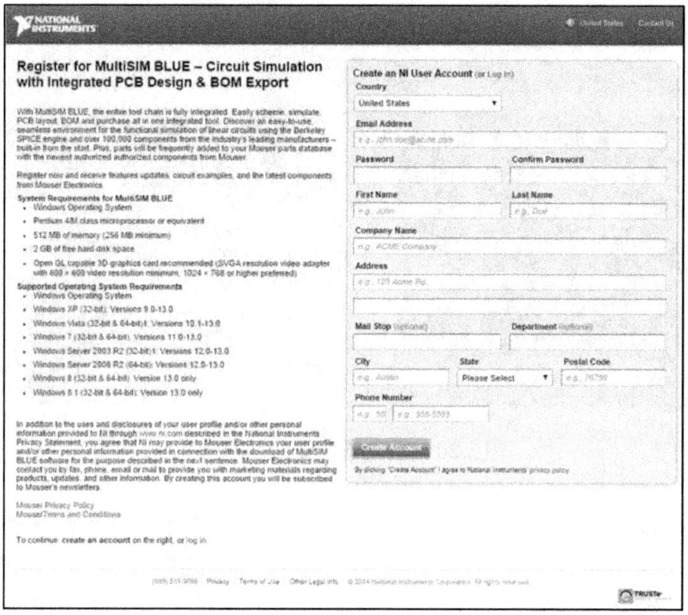

图 3.22　注册

2) MultiSIM BLUE 的安装

MultiSIM BLUE.exe 是一个自解压可执行文件，将解压出大约 800 个文件并继续安装过程(图 3.23)。

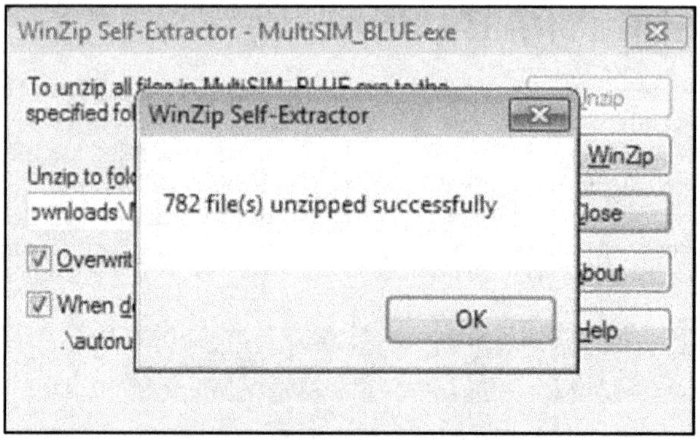

图 3.23　解压安装

单击第一个菜单选项来安装 MultiSIM BLUE 及其所有组件。

安装完成后需要重启(图 3.24)。

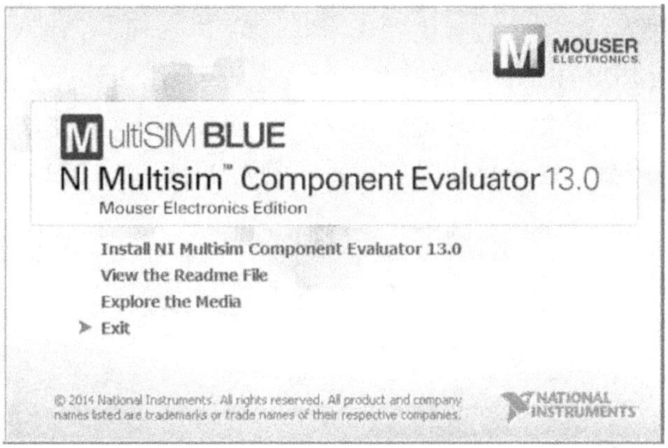

图 3.24　安装完成

3) MultiSIM BLUE 软件

MultiSIM BLUE 平台由几个软件模块构成(图 3.25)。MultiSIM BLUE 应用程序是更新贸泽组件数据库、运行网表环境及将完成的 BOM 表信息发送给贸泽电子网站来下单的主要入口。可以在桌面找到 MultiSIM BLUE 的图标或在程序文件夹内打开它。

图 3.25　MultiSIM BLUE 界面

4) 初始化设置

在使用 MultiSIM BLUE 之前需要进行几项设置(图 3.26)。从 Files/Settings 菜单里可以设置总体偏好和工作环境。国家、语言和货币选择在从贸泽电子网站上购买元器件时会用到。这一标签页的设置不会对 MultiSIM BLUE 产生影响。

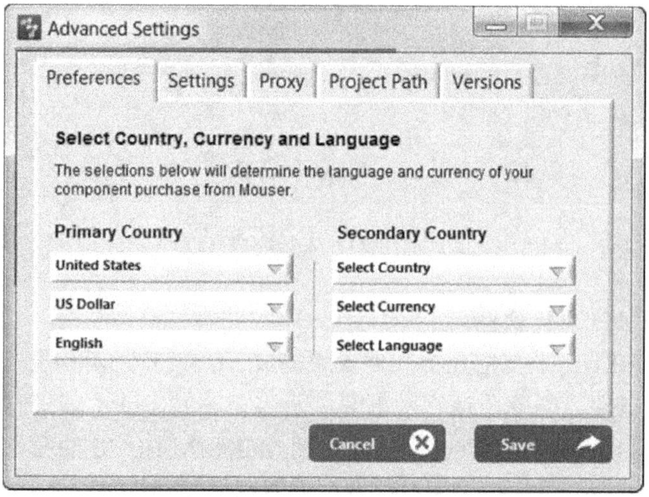

图 3.26　初始化设置

MultiSIM BLUE 入口能够启动计算机上现有的任意版本的 NI Multisim 软件。可以通过 Settings 标签页(图 3.27)来将它们添加到入口。

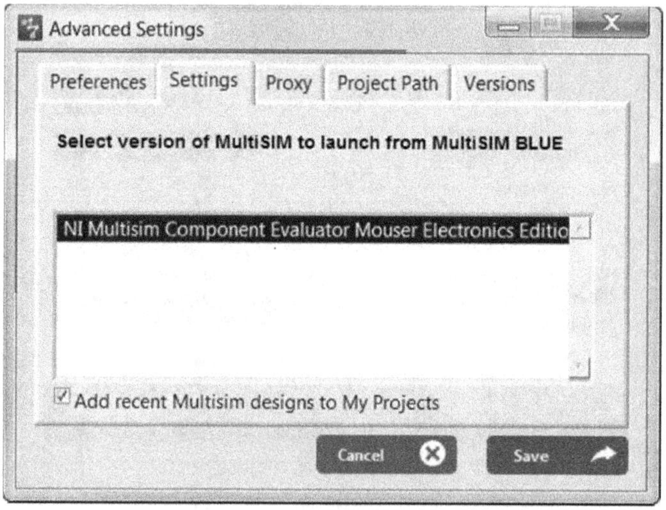

图 3.27　Settings 标签页

从 Project Path 标签页(图 3.28)可以自定义从哪个目录搜索 MultiSIM BLUE 工程。只要浏览到合适的位置单击 Add 按钮即可。既可以把本地路径添加到列表中，也可以把网络驱动器添加到列表中。注意：子目录也将包括在搜索中，因此，如果主目录和子目录都包括在内，工程可能出现多次。

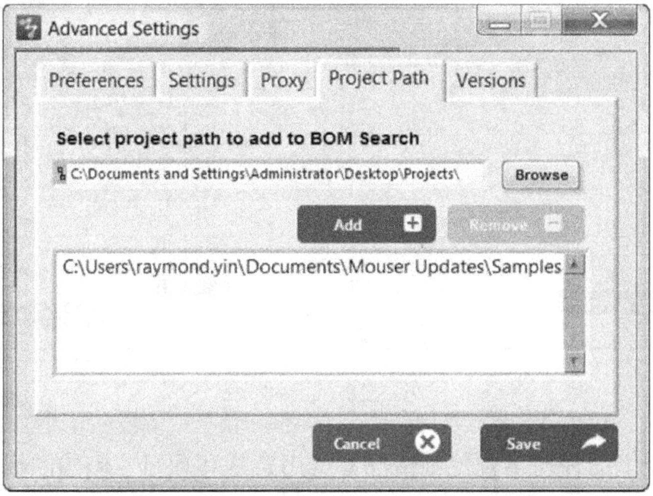

图 3.28　Project Path 标签页

最后，类似于 Settings 标签页，Versions 标签页可以自定义 NI Multisim 所使用的贸泽组件数据库的版本以及通过集成的升级工具进行升级。

5) 升级组件数据库

MultiSIM BLUE 的一个关键特性是贸泽组件数据库(图 3.29)。这个数据库启动时初始拥有 100000 种组件，并将由贸泽不断更新、添加新的产品和厂商。所有的数据库升级都通过 MultiSIM BLUE 入口在 Notifications 区域进行。要为现存数据库添加新元件，只需单击 Download Parts 按钮。注意：根据需要升级的组件数量和网速差异，下载可能将花费数分钟。

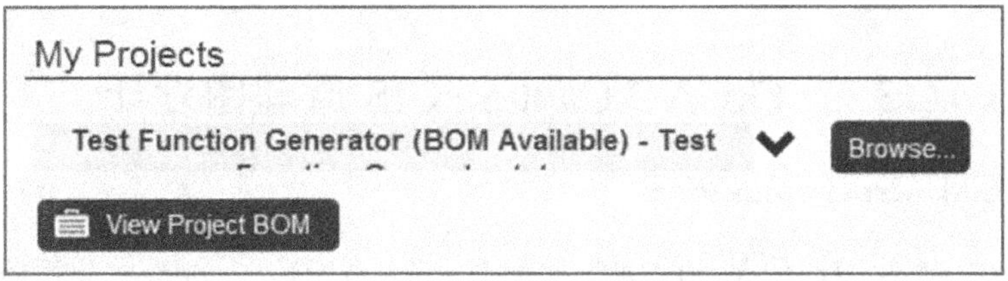

图 3.29　数据库组件更新

BOM 表查看器可以查看组件列表(图 3.30)的实时库存和价格，以及组件状态(生命周期)信息。

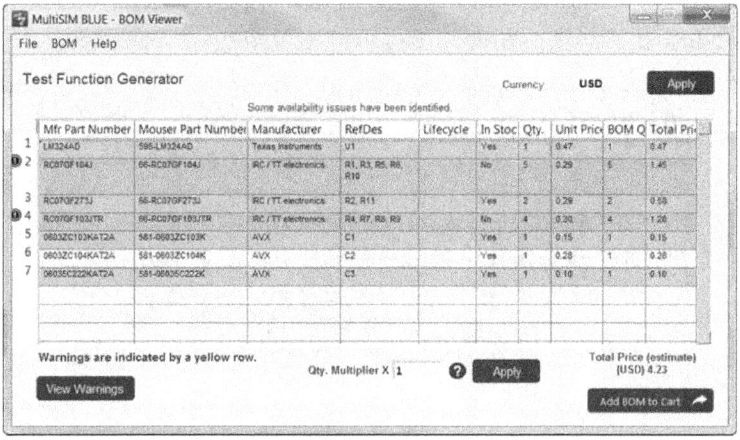

图 3.30　组件列表

组件列表里的任何不合规则情况都会用黄线和项目左侧的图标标出。双击图标或者单击 View Warnings 按钮，可以逐个检视或检视整个列表的警告信息。

如要购买多个 BOM 表，修改 Qty. Multiplier 值并单击 Apply 按钮即可。注意：BOM 表查看器中 BOM 表的 Qty.和 Total Price 栏将发生变动。

要把整个 BOM 表发送到贸泽网站购物车，单击右下角 Add BOM to Cart 按钮即可。

为了方便，MultiSIM BLUE 中部分贸泽数据库的组件已经包含了基本功能 SPICE 模型。这些模型是理想模型或者简化的 DC 或瞬态特性模型。因此，它们并不会精确反映器件实际的规格和性能参数。和所有 SPICE 或 CAD 环境一样，在为设计选择器件之前请查阅相关 Datasheet 或另外从厂商处获取更多信息。在 MultiSIM BLUE 中，可以创建一个具有仿真模型的器件并可以详细探索该器件的细节。Multisim 专业工具中有很多来自领先厂商的高精度 SPICE 模型可供使用。

3.3　OrCAD Capture CIS 原理图设计

1. OrCAD Capture CIS 概述

OrCAD 软件模块原是 OrCAD 公司的产品，后被 Cadence 公司收购集成到 Cadence SPB 系列软件包中。它以其强大的原理图设计功能著称，其原理图设计使用非常方便，是板级电路设计领域使用最多的原理图设计软件。

OrCAD Capture(图 3.31 和图 3.32)是一款基于 Windows 操作环境下的电路设计工具。OrCAD 是一个混合名词，反映了软件的发源地：俄勒冈(Oregon)+计算机辅助设计(CAD)。

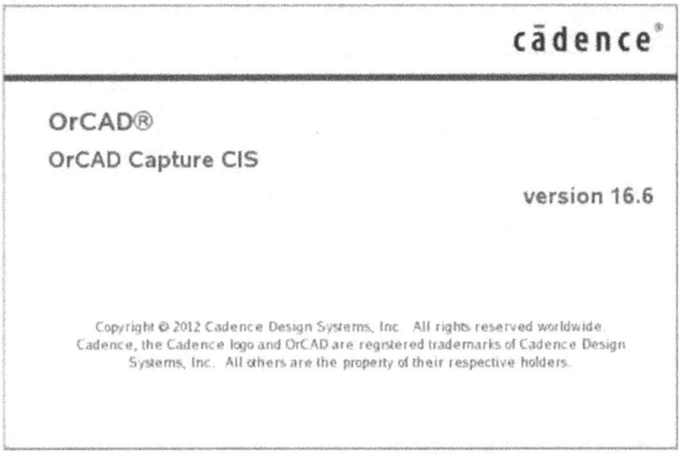

图 3.31　OrCAD 启动

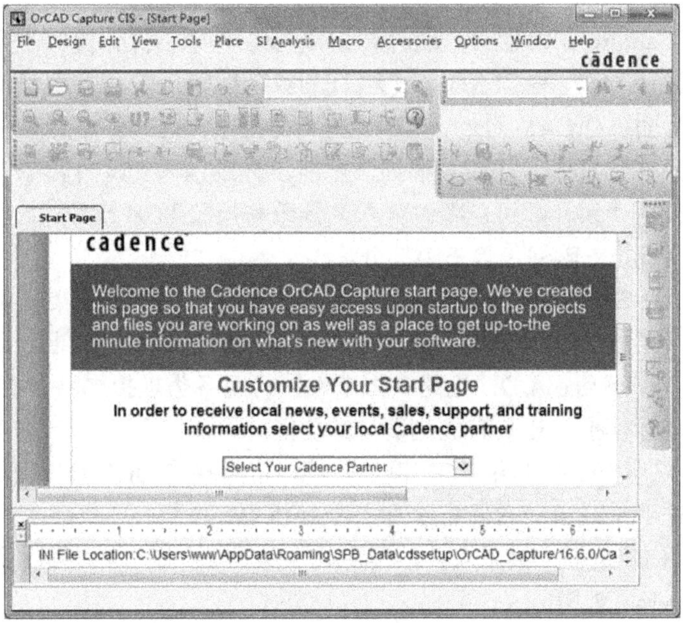

图 3.32　OrCAD 设计主界面

利用 OrCAD Capture 软件，能够实现绘制电路原理图(图 3.33)以及为制作 PCB 和可编程的逻辑设计提供连续性的仿真信息。

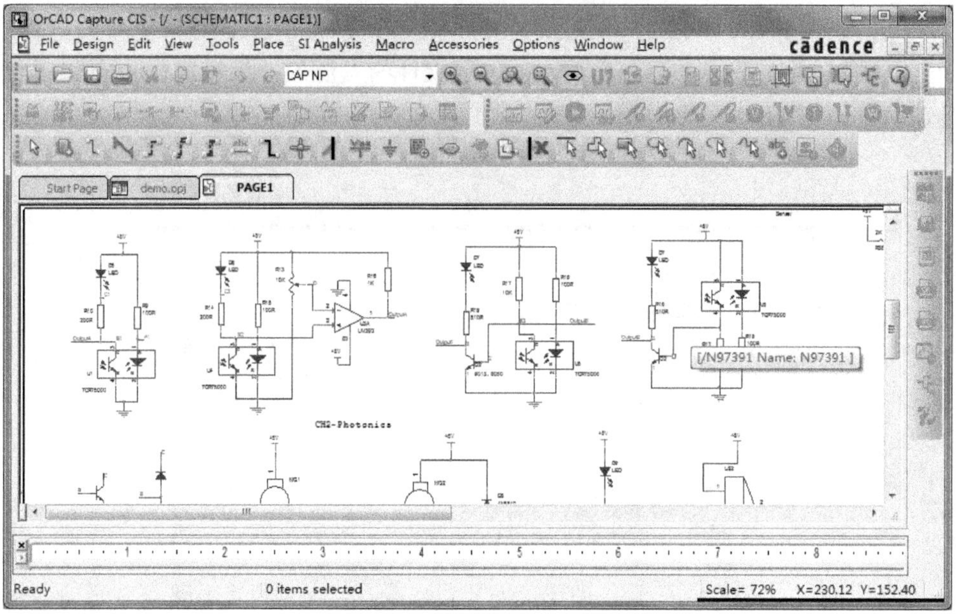

图 3.33　OrCAD 绘制的原理图

OrCAD Capture 作为行业标准的 PCB 原理图输入方式，提供了完整的、可调整的原理图设计方法，是当今世界最流行的原理图输入工具之一，具有简单直观的用户设计界面。OrCAD Capture CIS 具有功能强大的元件信息系统，可以在线和集中管理元件数据库，从而大幅提升电路设计的效率。此外，OrCAD Capture 原理图输入技术让设计师可以随时输入、修改和检验 PCB 设计。

OrCAD Capture 软件包含三个部分。

(1) OrCAD/Capture CIS：电路原理图设计软件，可生成各类模拟电路、数字电路及数/模混合电路的原理图。本书中的原理图多以该软件绘制。

(2) OrCAD/PSpice A/D：电路模拟软件，可对各类模拟电路、数字电路及数/模混合电路进行模拟，还具有优化设计的功能。

(3) OrCAD/Layout Plus：PCB 设计软件，可直接将 OrCAD/ Capture CIS 生成的电路图通过手工或自动布局布线方式转为 PCB 设计。

Capture CIS 是一个共用软件，调用其他两个软件前，都要首先运行 Capture CIS 软件，生成原理图。

OrCAD/Capture CIS 软件按功能划分，包括五个部分。

(1) 设计项目管理（Project Manager）模块。

(2) 电路图编辑（Page Editor）模块。

(3) 电路设计的后处理工具(Processing Tools)。

(4) 元器件符号编辑和建库（Part Editor）模块。
(5) 元器件信息管理系统(Component Information System，CIS)。

2. OrCAD 原理图设计软件

OrCAD/Capture CIS 软件的窗口界面，包括以下几个模块。
(1) Project Manager 窗口(图 3.34)。
(2) Page Editor 窗口(图 3.34)。
(3) Session log 窗口(图 3.34)。
(4) Browse 窗口(图 3.35)。
(5) Part Editor 窗口(图 3.36)。

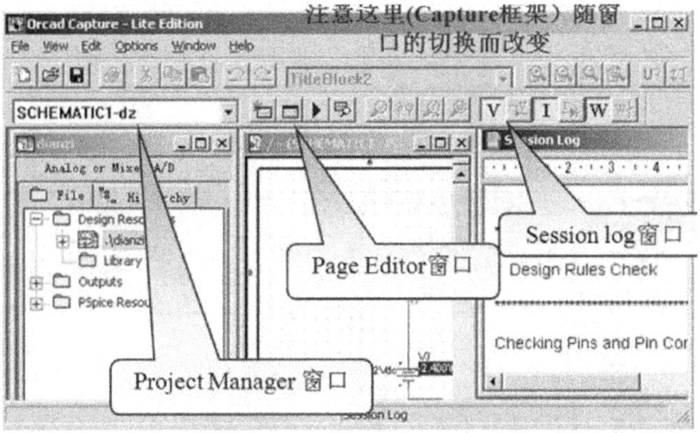

图 3.34　OrCAD 软件操作界面 1

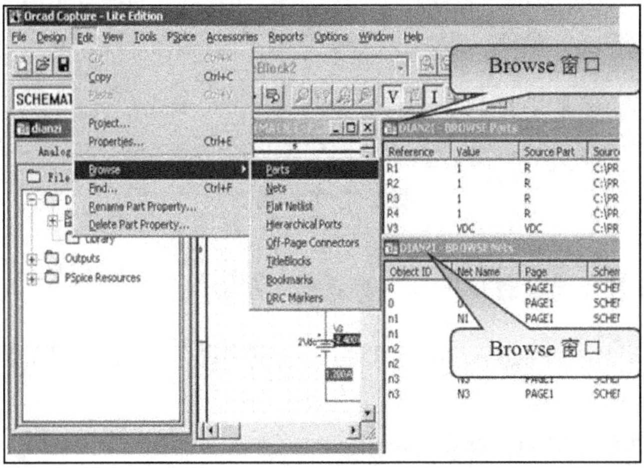

图 3.35　OrCAD 软件操作界面 2

(6) CIS 窗口(图 3.37)。

(7) Text Editor 窗口。

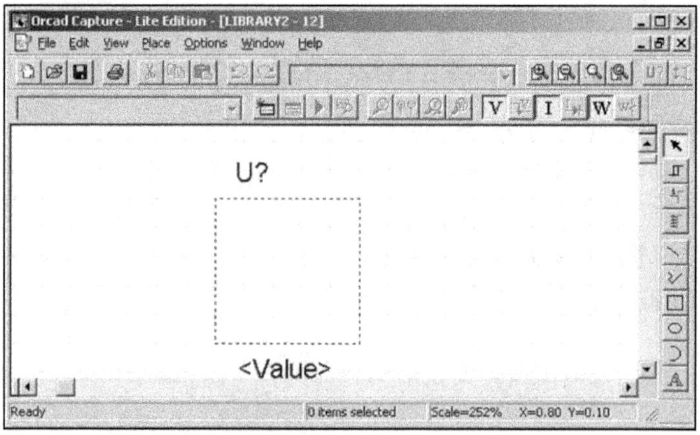

图 3.36　Part Editor 窗口

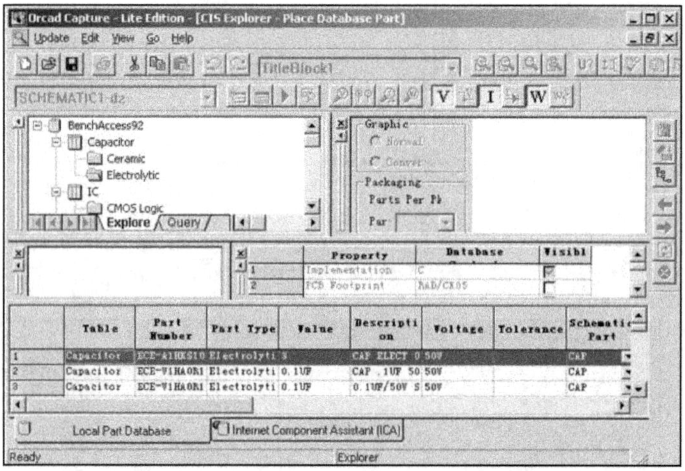

图 3.37　CIS 窗口

3. OrCAD 原理图编辑模块——电路图生成

电路图编辑模块 Page Editor 主要用于绘制电路原理图，电路图生成的基本步骤如下。

(1) 调用 OrCAD/Capture CIS 软件。

(2) 新建设计项目(Project)：在菜单栏中选择 File/New/Project 命令（图 3.38)。

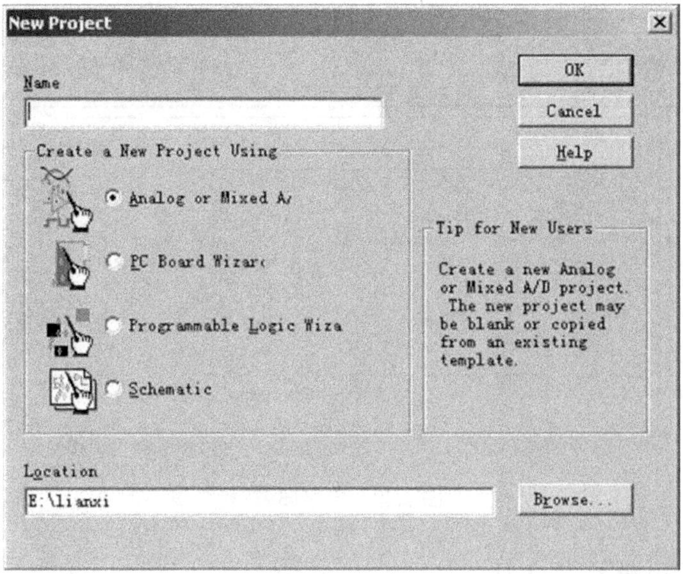

图 3.38　新建设计项目

(3) 进入设计项目管理窗口(图 3.39)。

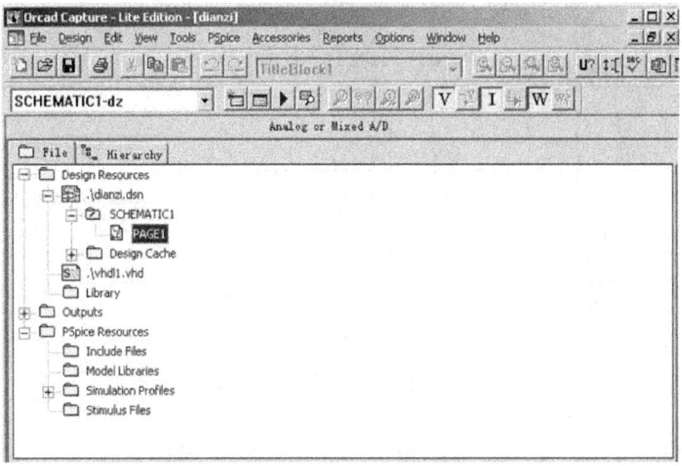

图 3.39　设计项目管理

(4) 启动电路图编辑模块(图 3.40)。

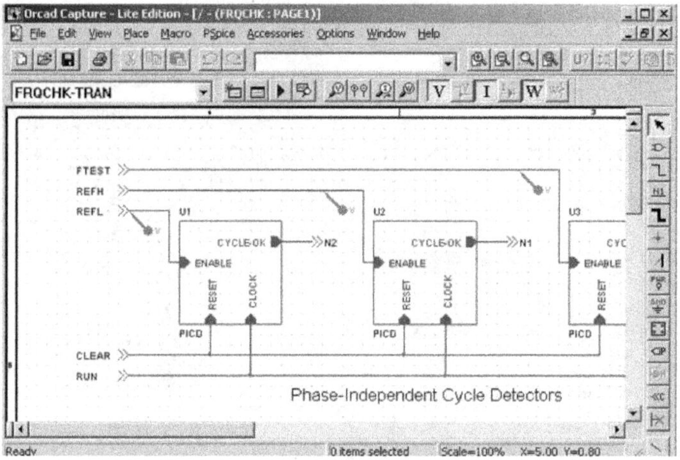

图 3.40　电路图编辑

(5) 绘制电路图（图 3.41）。

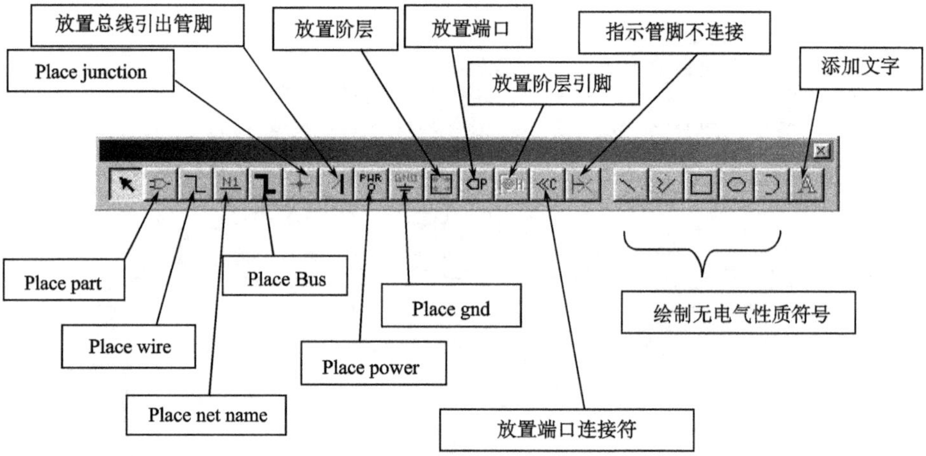

图 3.41　电路图绘制工具

(6) 电路图的后处理和保存结果。后处理包括元器件自动编号、设计规则检查（DRC）、统计报表输出和电连接网表生成等。

4. OrCAD 原理图绘制——主要步骤

调用 Page Editor 模块生成电路原理图后，就进入绘制电路图。电路图绘制的主要步骤包括绘制电路图、绘制元器件及相关操作。

绘制电路图主要包括如下操作：从库中调用元器件符号；元器件间的电连接，

包括互连线、总线、电连接标识符、结点符号、节点别名等；绘制电路图中的辅助元素，包括图纸标题栏、添加标签、绘制特殊符号及添加注释性文字说明等；修改电路图及电路图的后处理和结果输出。

原理图绘制时元器件的绘制步骤如下。

(1) 调出元器件符号选择框。单击 Place/Part 命令将调出如图 3.42 所示对话框，查找元器件如图 3.43 所示。

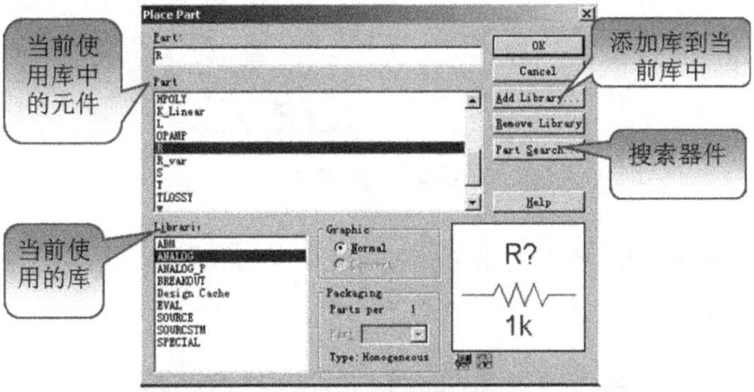

图 3.42　元器件选择

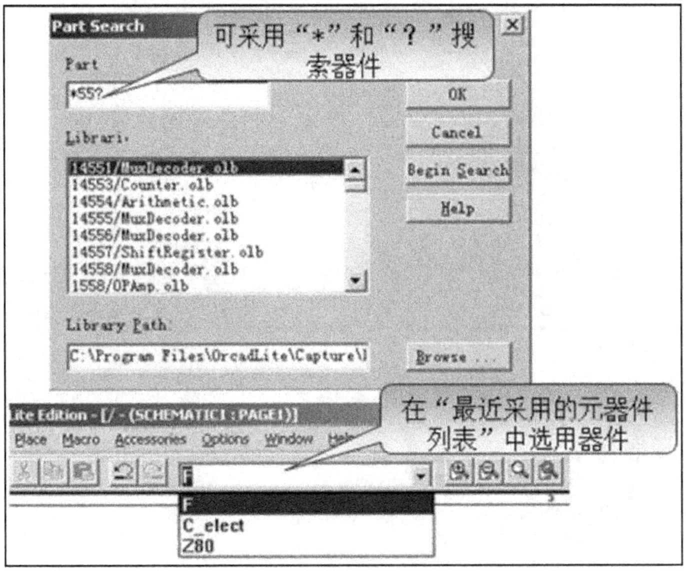

图 3.43　元器件查找

(2)将元器件符号放置在电路图的合适位置(图 3.44)。

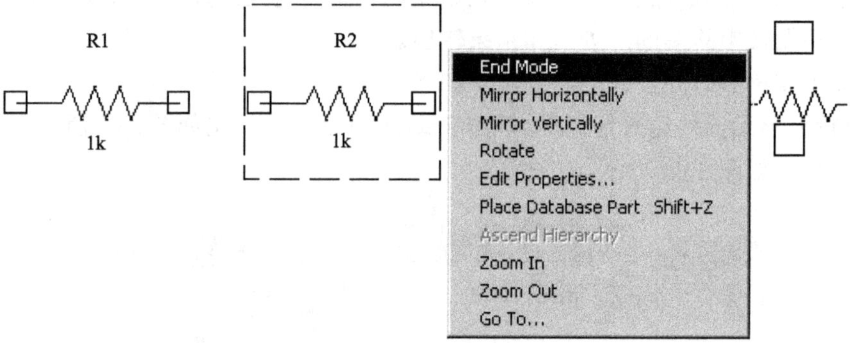

图 3.44　元器件拖放

(3)结束元器件的放置：右击 End Mode 命令(图 3.45)，或按 Esc 键，或单击 Place 工具中的 Select 按钮。

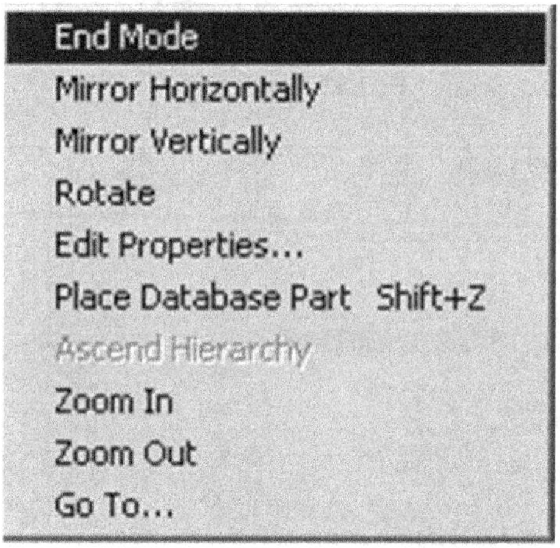

图 3.45　绘制元器件的快捷菜单

(4)修改元器件编号：元器件主要编号代码如图 3.46 所示。

5. OrCAD 原理图绘制——相关操作和说明

1)元器件库

元器件符号库(图 3.47)有来自于商业化的元器件，也有常规的通用元器件。

(1)商品化的元器件符号库：第一类以元器件的类型为库文件名；第二类在库文件名中含有公司名称，还有设计缓存中可以调取元器件。

字母代号	元器件类别	字母代号	元器件类别
B	CaAs 场效应晶体管	N	数字输入
C	电容	O	数字输出
D	二极管	Q	双极晶体管
E	压控电压源	R	电阻
F	流控电流源	S	电压控制开关
G	压控电流源	T	传输线
H	流控电压源	U	数字电路单元
I	独立电流源	USTIM	数字电路激励信号源
J	结型场效应管（JFET）	V	独立电压源
K	互感（磁芯）、传输线耦合	W	电流控制开关
L	电感	X	单元子电路调用
M	MOS 场效应管（MOSFET）	Z	绝缘栅双极晶体管（IGBT）

图 3.46　元器件标示前缀的字母

(2) 常用的非商品化的元器件符号库。

①ANALOG 库：模拟电路中的各种无源元件，电容、电阻、电感等符号。

②BREAKOUT 库：进行蒙托卡诺和最坏情况统计分析时调用。

③SOURCE 库：各种电压源和电流源符号。

④SOURCSTM 库：激励信号源的信号波形是采用 StmEd 模块设置的，信号源符号应从该库调用。

⑤SPECIAL 库。

(3) Design Cache 库：当前电路图绘制中采用的各种元器件符号，包括已删去的符号。

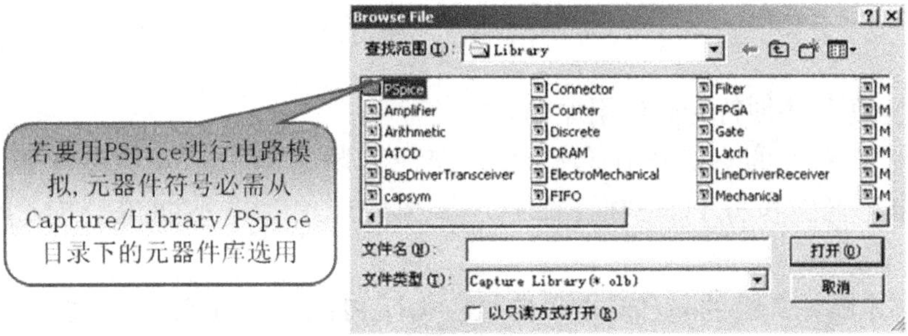

图 3.47　元器件库的调取

(4) CAPSYM 库：包含电源符号(Power)、接地符号(Ground)、电连接标识符(Off-Page Connector)、层次电路框图端口符号(Hierarchical Port)和图纸标题栏(Title Block)。

2) 电源和接地符号的绘制(Place/Power 和 Place/Ground)

(1) 电源和接地符号(图 3.48)的特点。

两种类型的电源符号如下。

CAPSYM 库中提供的仅仅是一种符号，表示该处要连接的是一种电源，但这类电源符号具有全局相连的特点。

SOURCE 库中提供的符号代表一种激励电源，可以给它们设置一定的电平值。接地符号也具有全局相连的特点。

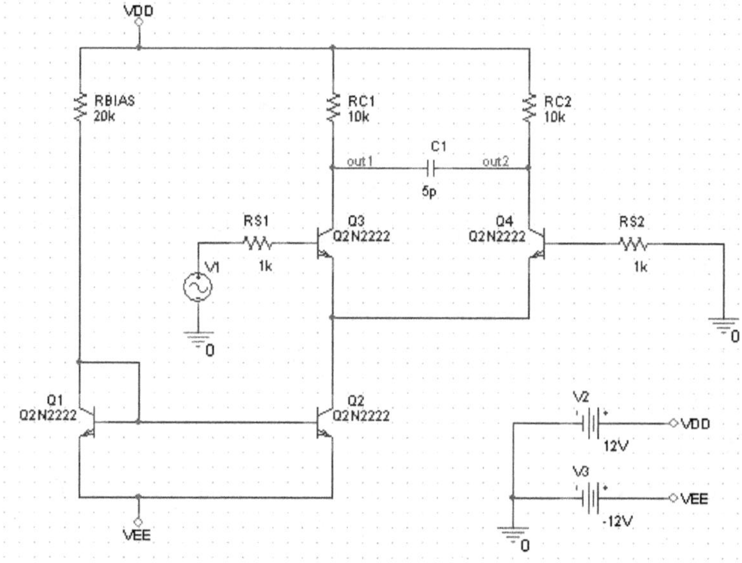

图 3.48　电源和接地符号

(2) 电源和接地符号的选用原则。

模拟电路中的直流电压(流)源、交流和瞬态信号源及数字电路中的输入激励信号源应执行 Place/Part 命令，从 SOURCE 库或(SOURCSTM 库)中选用。

数字电路输入端的高(低)电平信号应执行 Place/Power 命令从 SOURCE 库中选用(图 3.49)。

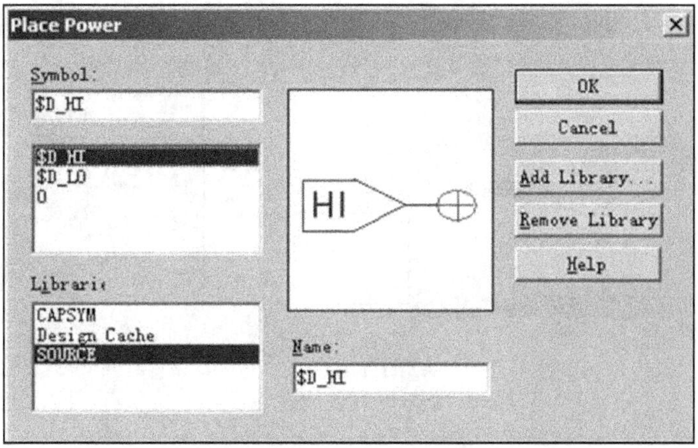

图 3.49　Place /Power 命令

调用 PSpice 对模拟电路进行分析时，电路中一定要有一个电位为零的接地点，应执行 Place/Ground 命令从 SOURCE 库中选用，如图 3.50 所示。

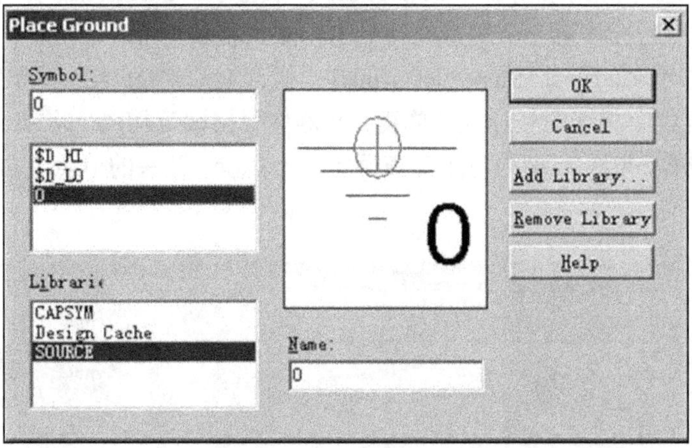

图 3.50　Place/Ground 命令

若使用了 CAPSYM 库中的电源符号，则应调用 SOURCE 库中的符号进一步说明其电平值。

3) 图纸标题栏的绘制(Place/Title Block)

执行 Place/Title Block 命令(图 3.51)。

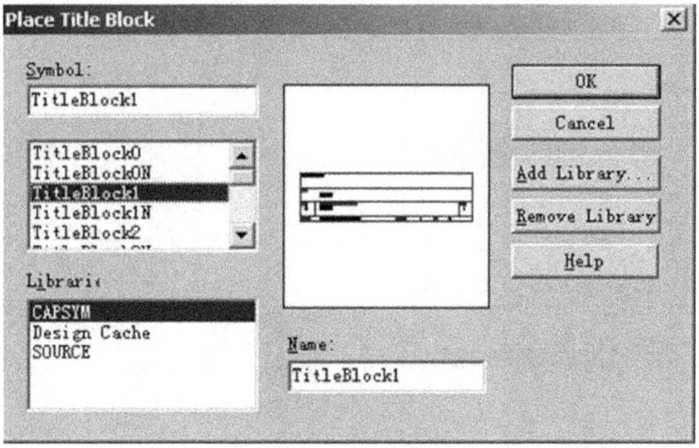

图 3.51　标题栏绘制

4) 连接操作

(1) 互连线的绘制(Place/Wire)：执行 Place/Wire 命令绘制。

(2) 电连接结点的绘制(Place/Junction)：执行 Place/ Junction 命令绘制，将带有实心圆点的光标移至一个结点处并单击，结点将被删除。

(3) 节点别名的设置(Place/Net Alias)：执行 Place/Net Alias 命令(图 3.52 和图 3.53)。电学上相连的互连线、总线、元器件引出端等构成一个节点，也称为网络。OrCAD/Capture 自动为每个节点确定一个以 N 开头的节点名(如 N00050、N00112)。

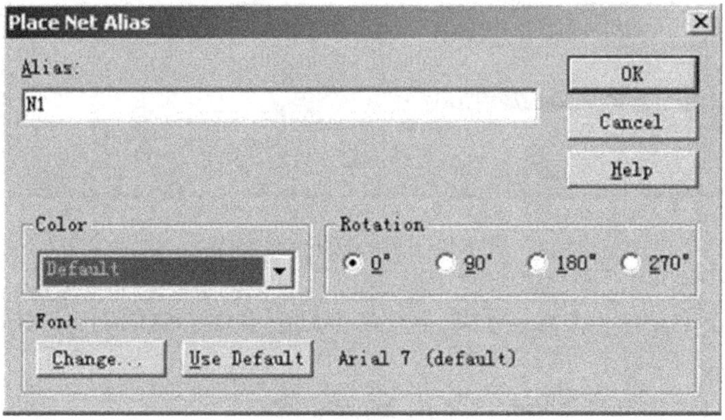

图 3.52　执行 Place/Net Alias 命令设置别名

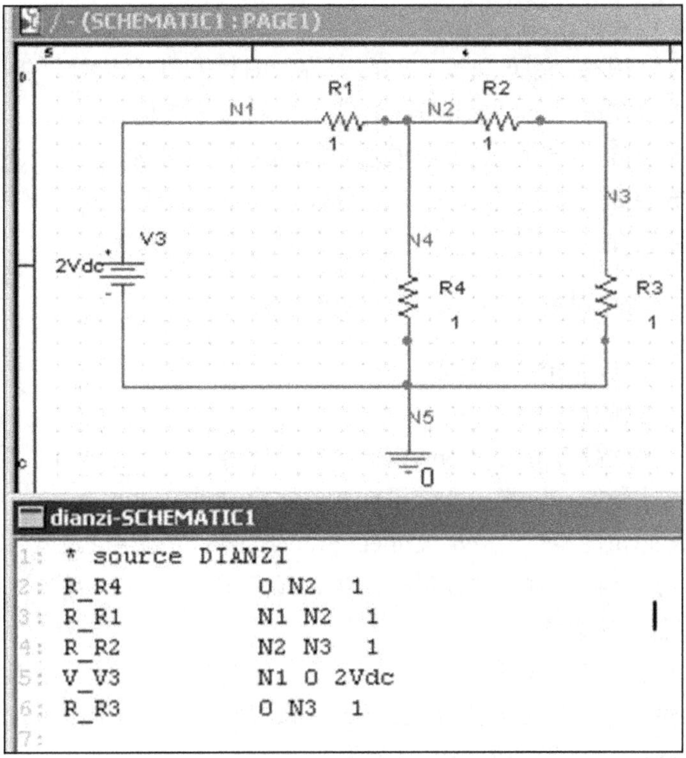

图 3.53　电路图中的 Net Alias 示例

(4) 引出端开路符号的绘制(Place/No Connect)：根据电路设计需要，某些引出端应该处于浮置状态。只要在该引出端处放置一个 No Connect 符号，对电路进行设计规则检查的时候，即认为该引出端的浮置为正常情况。执行 Place/No Connect 命令，将×放置在开路符号的引出端处(图 3.54)。

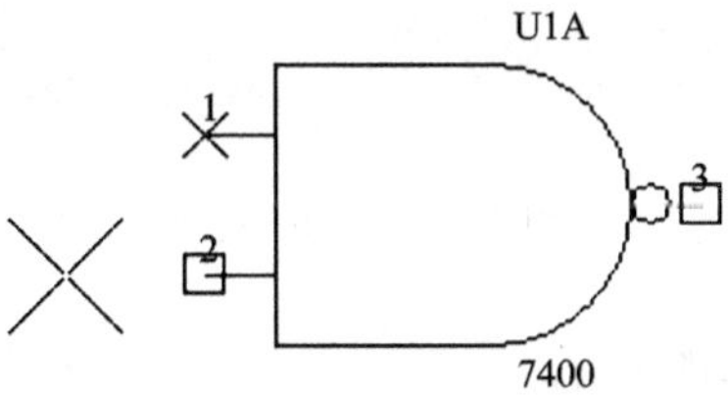

图 3.54　No Connect 符号

(5) 端口连接符号的绘制(Place/Off-Page Connector)：Off-Page Connector 是一种具有全局相连特性的符号，具有下述三种功能。

①基本功能。在拼接式电路图中，不同电路图纸上具有相同名称的端口连接

符间是电学相连的。

②电连接标识符。在单页式电路图内部，即使未用互连线连接，具有相同名称的端口连接符在电学上也是相连的，因此又称电连接标识符。

③端口标识符。对单页式数字电路，在输入(出)端处加上 Off-Page Connector，就可以在 PSpice 进行数字模拟过程中显示，分析这些端口处的信号变化情况。因此又称端口标识符。

6. OrCAD 原理图绘制——电路元件的属性修改

1) 属性参数(Property)的概念

(1) 电路元素的属性参数。

固有属性参数(Inherent Properties)：器件编号、元器件值等。用户可以修改一部分固有属性参数的设置值，但不能删除固有属性参数。

用户定义的属性参数(User-Defined Properties)：在调用其他软件或模块对绘制好的电路图进行处理时，往往需要给电路元素添加一部分参数。

(2) 参数名和参数值。

参数设置值(Value)具有广义的概念，不一定是具体的数值。对于一个电阻(图 3.55)，元器件编号的参数名为 Reference，该参数的值是电阻的编号。电阻值的参数名为 Value，该参数的值是电阻阻值。

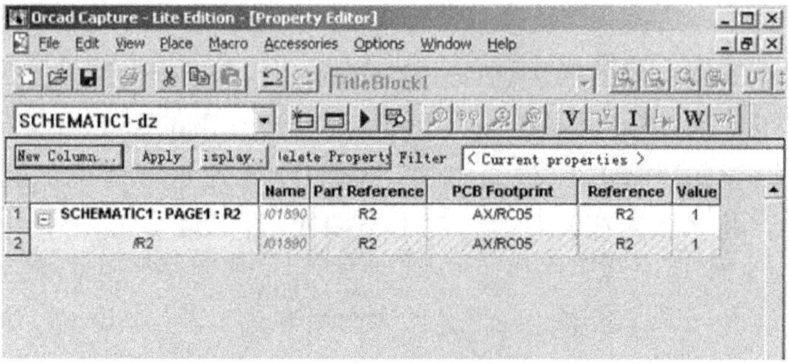

图 3.55　电阻的参数

2) 属性参数的编辑修改方法

属性参数编辑器(Property Editor)：选中一个或多个电路元素执行 Edit/Properties 命令(图 3.56)。

应注意以下三个问题。

(1) 基本无源元件属性参数值的修改。绘制无源元件时，元件值均采用内定值，如电阻值均为 1kΩ，电容值均为 1nF，电感值均为 10μH。

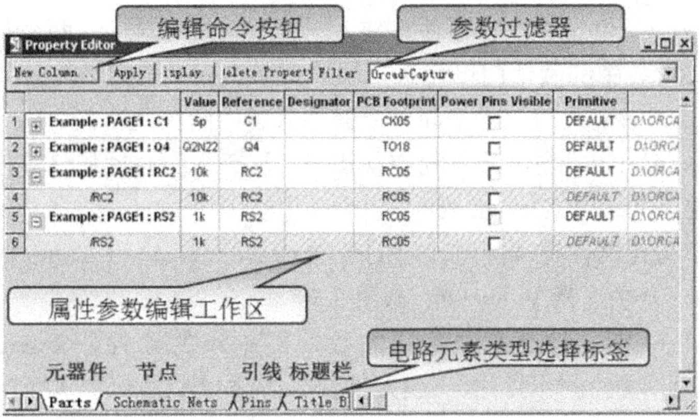

图 3.56　属性参数编辑

(2) 商品化半导体器件属性参数的修改。对于有型号的半导体器件，包括有型号的模拟集成电路，修改的只是 Reference 参数值以及 Value 和 Reference 两项参数在电路图中的显示方式。

如图 3.57 所示，Implementation 参数栏下的 Q2N2222 就是模型参数库中描述双极晶体管 Q2N2222 特性的模型名。一般模型名与器件型号名相同。

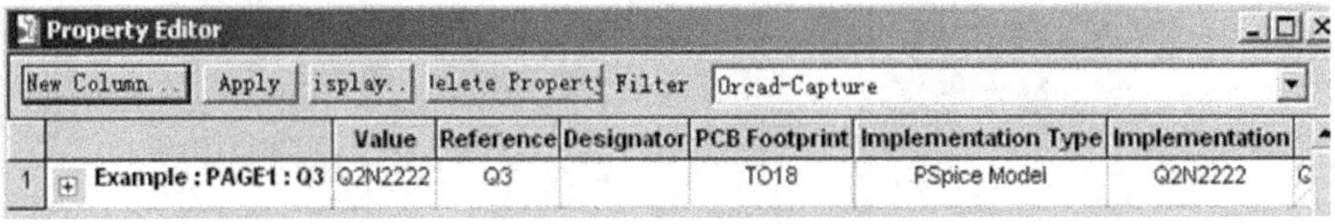

图 3.57　属性修改示例

(3) 数字逻辑器件属性参数值的修改。与商品化半导体器件一样，用户可以修改的只是数字电路的编号及参数值在电路图中的显示方式。

3) 属性参数的编辑修改实例——数字门电路

以下为与数字门电路有关的几个属性参数的设置实例，如图 3.58 所示。

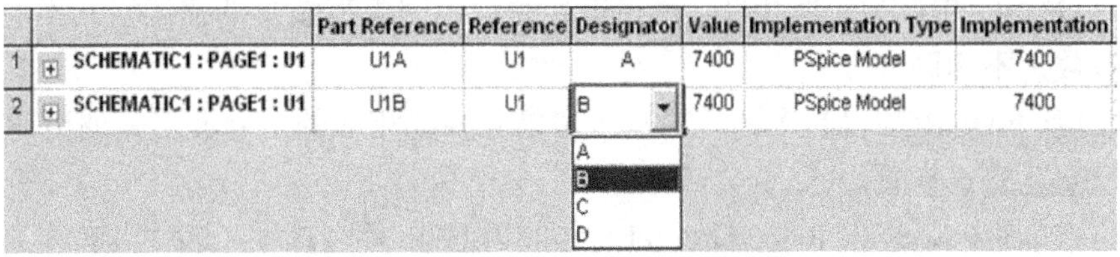

图 3.58　数字门电路属性的修改

Reference：Capture 中，以器件封装为一个整体进行编号。两个与非门可以采用同一个器件封装中的两个门单元。

Designator: 指定该门电路是同一个器件封装中的第几个门。

Part Reference:数字电路器件的完整描述，包括器件的封装编号(Reference)及该封装中门电路的编号(Designator)。

电路图中与元器件符号同时显示的是 Part Reference 和 Value 两项参数，且 Display Format 一栏选为 Value Only（图 3.59）。

对于一个封装中包含几个相同的数字门电路的器件，Reference 和 Part Reference 两项参数值不同。而一般元件及半导体模拟器件的这两项参数值是一样的。

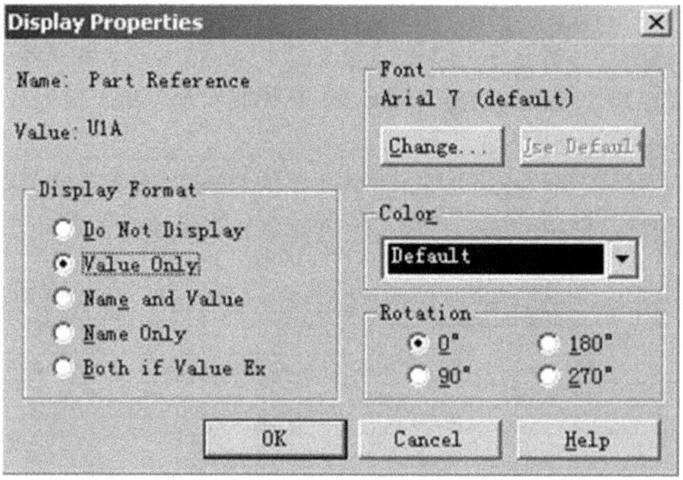

图 3.59　Display Properties

Implementation Type：对于 PSpice 电路模拟分析用的电路图中的商品化型号器件，这一项一定要设置为 PSpice Model，否则将导致模拟分析不能正常进行。

4) 电源和接地符号属性参数值的编辑修改

(1) 从 SOURCE 库调用的电源和信号源：不同类型波形的描述格式不同，相应的参数也不相同。

(2) 从 SOURCETM 库调用的电源和信号源：相应的信号波形需调用 StmEd 模块以交互方式设置。

(3) Place/Power 和 Place/Ground 绘制的电源和接地符号：这种具有全局相连特性的电源和接地符号的电路元素类型为 Global。修改这类符号时，应在属性参数编辑器底部选择 Global 标签。

5）属性参数修改对话框（Dialog Box）

对有些属性参数很少的电路元素；或虽有很多属性参数，但只选择其中一项进行修改，都可采用对话框进行修改（图 3.60）。例如，对元器件值或元器件编号进行修改；电源和接地符号、端口连接符中属性参数 Name 值的修改；节点别名中名称的修改。

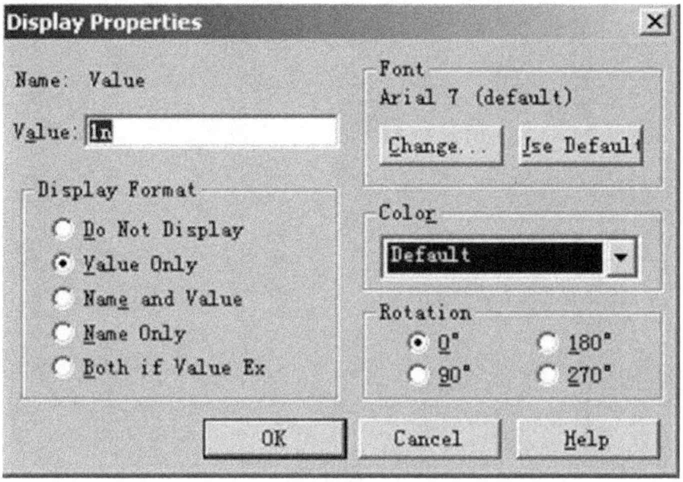

图 3.60　属性参数修改对话框

第二篇 电子初学者的创新实验

第 4 章　声音信号的产生和观测

自然界声音无处不在，鸟叫虫啾，鹤唳风声，电击雷鸣，各种声音交织在一起构成生机勃勃的世界。科技的发展，更让人们有机会通过电子技术捕获、存储、传播声音，旅行中戴上耳机静听音乐，亲友间通过电话表达问候，主持人使用话筒播报节目，这些习以为常的场景，其实就是声音与电子技术结合的重要体现，给人们带来丰富的生活体验。声音无处不在，电子技术也无处不在。本章将带领初学者窥探声音信号在电子技术中的基本形式，通过对声音信号的观测，学习和了解电子信号的基本知识，学会利用基本的电子测量仪器进行信号测量，揭开电子技术的第一层面纱。

4.1　声音信号与电子信号

4.1.1　认识典型电子信号

在认识声音信号之前，先来了解信号的基本知识。直流信号是最熟悉的信号，一节干电池输出 1.5V 的恒定电压，就是最典型的直流信号。

通常在平面坐标轴上，以时间为横轴、幅度(电压或电流)为纵轴，就可以描述电子信号的波形变化，这种方法也称为信号的时域描述方法。那么直流信号就可以如图 4.1 表示，U_1 在水平轴以上，为大于零的信号，U_2 在水平轴以下，为小于零的信号。信号的幅度均保持不变。

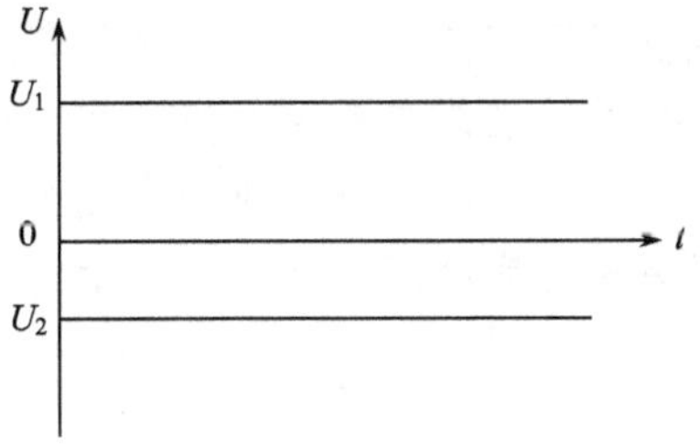

图 4.1　直流信号时域表示

典型的电子信号，除了简单直流信号，还有各种幅度随时间变化的波形信号，主要有正弦波、方波、矩形波、三角波等，这些信号是电子领域中最常见也是最基本的信号。我国民用交流电即属于正弦波信号，而电视机红外遥控器等发射的信号多类似矩形波或脉冲波。图 4.2 显示了常见波形和应用。

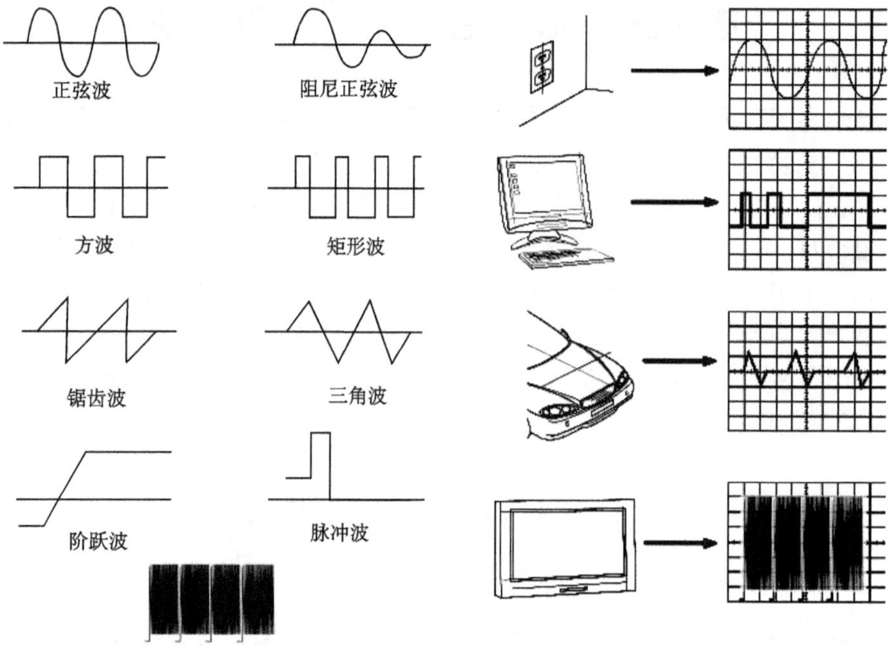

图 4.2　常见波形及应用

信号的时域描述和频域描述

时域描述是以时间为自变量描述物理量变化的方法，是信号最基本、最直观的表达形式，或许是最贴近人类自然认知的信号表示方式。在时域描述下，信号随着时间的推移延展，波形随着时间变化而变化，非常易于接受。

和时域相对的，频域描述则需要对信号进行稍显复杂的数学变换——傅里叶变换，来观察信号的频率合成特征，看看信号究竟在几个频率点上发生了传输，这就好像通过收音机的调频旋钮，看看究竟收到了几个频道。图 4.3 是将一个近似方波分解成多个不同频率和幅度的正弦波组合的示意图。

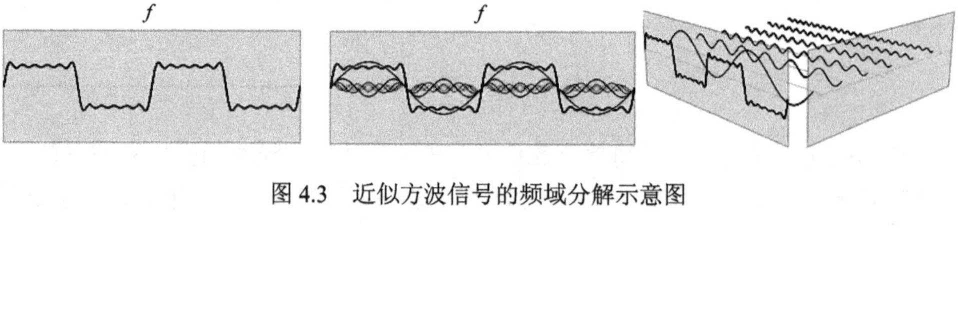

图 4.3　近似方波信号的频域分解示意图

傅里叶变换方法在频域描述里显得至关重要。傅里叶变换的基本思想首先由约瑟夫 • 傅里叶(Joseph Fourier，1768—1830)提出，所以以其名字来命名以示纪念。傅里叶(图 4.4)是法国数学家、物理学家，在研究《热的传播》和《热的分析理论》时创立了一套数学理论。傅里叶变换可将任何连续测量的时序或信号，分解表示为不同频率的正弦波信号的无限叠加。而正弦波是频率成分最为单一的一种信号，任何复杂信号，如方波、三角波、音乐信号等，都可以看成由许许多多频率不同、大小不等的正弦波复合而成。

图 4.4　约瑟夫•傅里叶

信号波形的变化代表信号强度(电压或电流)的变化。若信号随着时间而发生重复性波形变化，则这样的信号称为周期信号，完成一个重复波形的时间间隔称为周期，用 T 表示，单位为秒(s)，周期的倒数为频率，用 f 表示，单位为赫兹(Hz)。

电压是电路中两点之间的电位差，例如，峰峰值是波形最高电压与最低电压之差，不过更多的情况是测量中一点接地，那么电路中某点的电压值就是指该点对地(零电平)的电位差。

对于电子信号，设计者不仅要注意它们的波形，更要关心信号的参数特征。信号的基本参数包括信号周期、频率、幅度、相位等。周期和频率反映信号重复变化的快慢，幅度反映信号强度的大小，相位则可以反映不同信号产生的先后关系。图 4.5 中展示正弦波信号的频率 f、周期 T、幅度 U 等参数。

峰值：周期性交变电压 $u(t)$ 在一个周期内偏离零电平的最大值，用 U_p 表示，正、负峰值不等时分别用 U_{p+} 和 U_{p-} 表示。峰峰值用 U_{pp} 表示。

幅值：$u(t)$ 在一个周期内偏离直流分量 U_0 的最大值称为幅值或振幅。在图 4.5 中的直流分量是零。

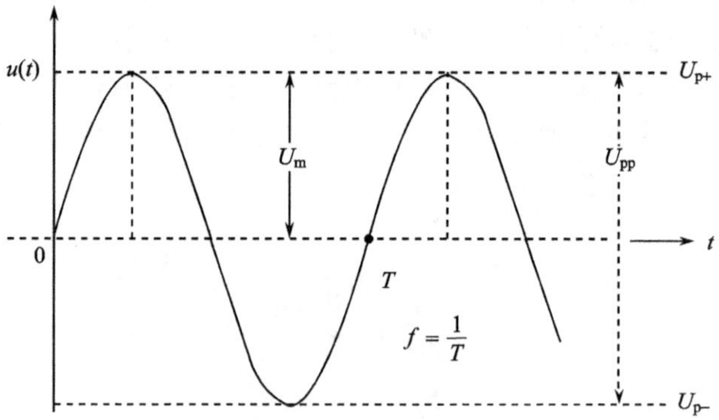

图 4.5　正弦波信号的参数

有效值：某一交流电压的有效值等于这样一个直流电压的数值 U，即当该交流电压和数值为 U 的直流电压分别施加于同一个电阻上时，在一个周期内两者消耗的电能相等。用数学式可表示为

$$U = \sqrt{\frac{1}{T}\int_0^T u^2(t)\mathrm{d}t} \tag{4.1}$$

对于矩形波需要认识以下几个主要参数(参考图 4.6)。

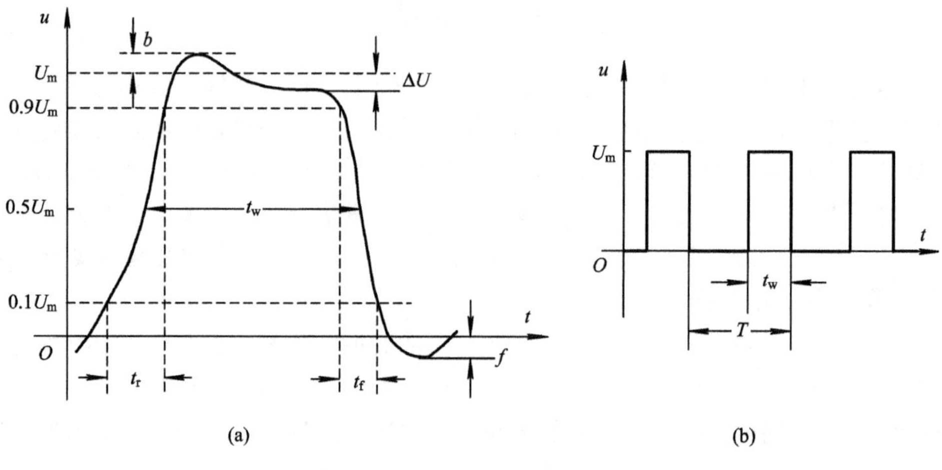

图 4.6　矩形波脉冲

上升沿：信号从低到高的过程。

下降沿：信号从高变低的过程。

上升时间 t_r：信号从 $0.1U_m$ 外上升到 $0.9U_m$ 所经历的时间。

下降时间 t_f：信号从 $0.9U_m$ 下降到 $0.1U_m$ 所经历的时间。

波形宽度 t_w：信号从 $0.5U_m$ 上升到 U_m 再下降至 $0.5U_m$ 处所经历的时间。

信号周期 T：对于一个周期性信号来说，信号周期 T 指两个相邻波形出现的时间间隔。

占空比 D：用来描述波形宽度及信号周期之间的比例，即 $D=t_w/T$。如果波形宽度为信号周期的一半，即 $D=50\%$，则该矩形波为方波。

4.1.2　MP3 发出的声音信号

由电子设备采集到的声音也是一种电子信号，图 4.7 中是用音频软件播放的一小段 MP3 声音信号。MP3 音乐虽然好听，这段声音信号的波形看起来却杂乱无章，波形幅度不断变化，反映出该信号在不同时刻有不同的强弱，波形没有明显的周期性变化，所以这段信号并不是一个周期性的信号。

思考：声音信号什么情况下会是周期信号？类似救护车警笛声是否是周期信号？

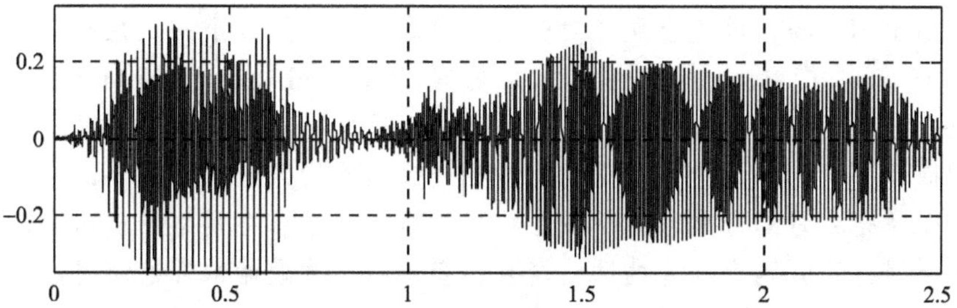

图 4.7　MP3 音频信号

常见的音频格式

1) 最正统的音乐格式：CD 格式

音频格式里最正统的自然是 CD 格式，它的声音基本上忠于原声。然而 CD 唱片格式标准要早于计算机的 CD-ROM 驱动器的产生，因而为了兼容 CD-ROM 读取 CD 音频，设置了*.cda 格式的文件。CDA 文件实际上是一个 CD 音轨的音轨信息记录文件，其大小都是 44B，并不是真正的音频。CDA 文件不能复制到硬盘中播放，但是可以使用抓音轨软件转换成其他可播放的格式，如 WAV、MP3 等。

2）无损的WAV音乐

WAV是微软和IBM共同开发的PC标准声音格式，文件后缀名是.wav，是一种通用的音频数据文件。通常WAV格式用来保存一些没有压缩的音频，也称为波形文件，依照声音的波形进行存储，因此要占用较大的存储空间。WAV文件也可以存放压缩音频，但其本身的文件结构使之更加适合于存放原始音频数据并用于进一步处理。其优点是易于生成和编辑；缺点是在保证一定音质的前提下压缩比不够，不适合在网络上播放。

3）流行的MP3格式

MP3是一种音频压缩技术，其全称是动态影像专家压缩标准音频层面3（Moving Picture Experts Group Audio Layer Ⅲ），简称为MP3。它被设计用来大幅度地降低音频数据量。利用MP3的技术，将音乐以1∶10甚至1∶12的压缩率，压缩成容量较小的文件，而对于大多数用户来说重放的音质与最初的不压缩音频相比没有明显的下降。用MP3形式存储的音乐就称为MP3音乐，能播放MP3音乐的机器就称为MP3播放器。最高参数的MP3（320kbit/s）的音质较之CD的，FLAC和APE无损压缩格式的差别不多，其优点是压缩后占用空间小，适用于移动设备的存储和使用。

4）流动的旋律RA格式

RealAudio主要适用于在网络上的在线音乐欣赏。RA采用的是有损压缩技术，它的压缩比相当高，因此音质相对较差，但是文件也是最小的，在高压缩比条件下表现好。现在Real的文件格式主要有RA（RealAudio）、RM（RealMedia，RealAudio G2）、RMX（RealAudio Secured）等。这些格式的特点是可以随网络带宽的不同而改变声音的质量，在保证大多数人听到流畅声音的前提下，令带宽较富裕的听众获得较好的音质。由于RA格式的特点，适合在网络传输速度较低的互联网上使用，互联网上许多的网络电台、音乐网站的歌曲试听都使用这种音频格式。

5）WMA格式

WMA（Windows Media Audio）是微软公司推出的与MP3格式齐名的一种新的音频格式。WMA在压缩比和音质方面都超过了MP3，更是远胜于RA，即使在较低的采样频率下也能产生较好的音质。另外，微软公司在WMA 9大幅改进了其引擎，实际上可以在同文件同音质下比MP3体积少1/3左右，因此非常适合用于网络串流媒体及行动装置。

6）作曲家最爱的MIDI格式

MIDI（Musical Instrument Digital Interface）最初应用在电子乐器上用来记录乐手的弹奏。随着在计算机里面引入了支持MIDI合成的声音卡之后MIDI才正式地成为一种音频格式。MID文件格式由MIDI继承而来，它并不是一段录制好的声音，而是记录声音的信息，然后告诉声卡如何再现音乐的一组指令。这样一个 MIDI 文件每存 1min 的音乐只用 5～10KB。今天，MID 文件主要用于原始乐器作品、流行歌曲的业余表演、游戏音轨以及电子贺卡等。*.mid 文件重放的效果完全依赖声卡的档次。*.mid 格式的最大用处是在计算机作曲领域。*.mid 文件可以用作曲软件写出，也可以通过声卡的 MIDI 口把外接音序器演奏的乐曲输入计算机里，制成*.mid 文件。

声音信号也可以是周期信号，对于单纯的音符如 do(1)，其实质是具有一定频率的周期信号。图 4.8 是两种琴产生同一个音符时发出的声音波形，其信号的基本频率是一致的。

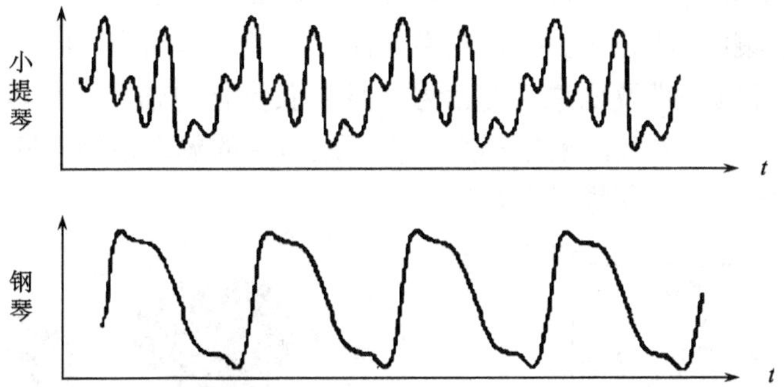

图 4.8　不同琴种发出的声音信号

4.2　声音信号的产生

声音是如何产生的？物理学的知识告诉人们声音由物体振动产生。当敲击桌子、弹奏琴键时，都是由于物体间的碰撞，产生振动，发出声音。最初发出振动的物体称为声源。声音以波的形式通过介质(空气或固体、液体)振动传播，并能被人或动物听觉器官所感知。振动的频率越高，声音越尖锐，振动频率越低，则声音越低沉。女声通常要比男声音调高，就是因为其声带的振动频率比男声快。一般地，频率在 20Hz～20kHz 的声音是可以被人耳识别的。超过 20kHz 人耳不能识别的声音称为超声波，而低于 20Hz 的声音称为次声波，次声波对人体有害。

思考：敲击桌子和弹奏琴键时，声音效果有何不同?

声音“简历”——从神秘到科学

古代，声音现象常常与神话故事和自然现象联系在一起。而音乐又是声学现象中特别重要的一种。因此，神话传说、自然现象与音乐又常常纠合在一起。例如，古希腊人认为:声音来自天上，七个行星就是七弦琴的七根弦。中国古时有个传说，黄帝命乐官伶伦到西方山中去采集竹子，作为十二律的律管。

伽利略(Calileo, 1564—1642)认为音的高低取决于弦线在每秒钟内振动的次数。1636年，默森(Mersenne, 1588—1648)提出了弦线振动除基音以外还有泛音，并用听到火枪的声音与看到闪光之间的时间间隔测定了声速。后来，许多人都测量了声速。牛顿从理论上推导了声速公式，并测出声速为1142ft/s(1ft=0.3048 m)。索维尔(Sauvetlr, 1653—1716)正确地解释了“拍”的现象，并用以测出了管风琴的发声频率。

4.2.1　电子系统中声音信号的产生

电子系统里如何产生声音信号呢？其实也是要想办法让某个振源发生振动。电动式扬声器(喇叭)就是一种电致发声器件，大多数是动圈式的，它在电视、多媒体音箱、收音机等需要还原声音信号的场合负责把电信号转换成声音。图4.9为一些常见的扬声器外观，根据扬声器所还原声音的频率范围不同，可分为低频扬声器、中频扬声器、高频扬声器等。

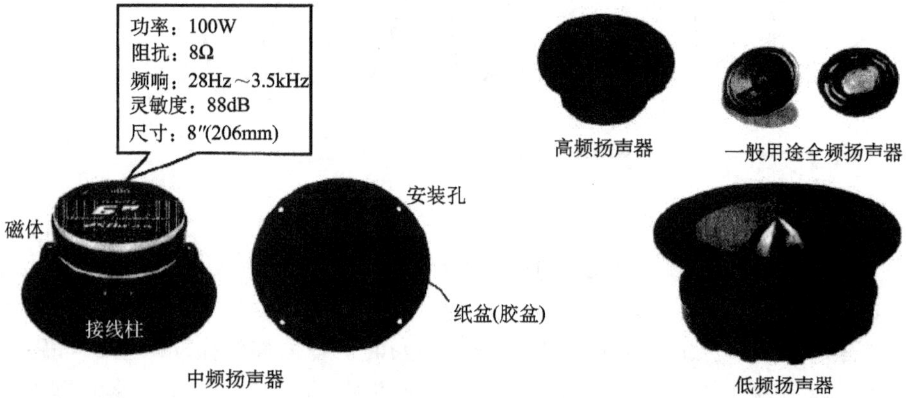

图4.9　各种喇叭

扬声器有功率(几瓦到几百瓦)、阻抗(4Ω、8Ω、16Ω)、频响范围、灵敏度、尺寸等参数供设计时参考。这些参数通常都会印在扬声器的背面标明。

图4.10是本章实验中主要使用的小功率动圈式扬声器，标称阻抗8Ω，功率0.5W 。

电动式扬声器主要由永磁体和振动系统两部分组成，如图4.10所示。纸盆(振动膜)、音圈、音圈支架等组成了振动系统。当扬声器的音圈通入音频信号后，音圈在电流的作用下便产生了交变磁场，在永磁体的作用下，音圈受力，并带动纸盆按音频规律振动，发出声响。

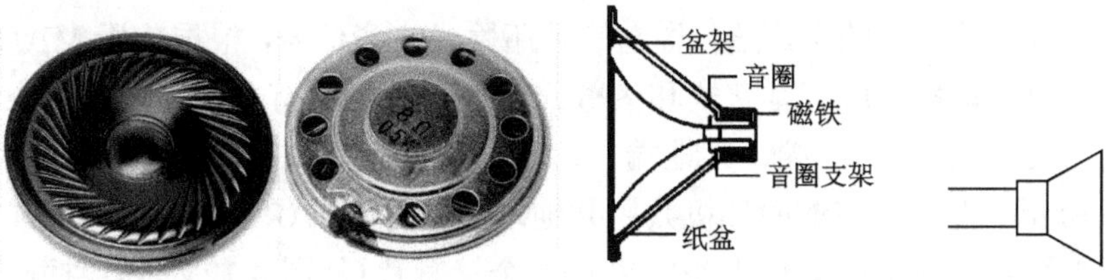

(a) 外形　　(b) 结构　　(c) 电气符号

图 4.10　电动式扬声器及电气符号

因此，根据扬声器的致声原理，可以通过信号发生器产生一定频率的电子信号加载到扬声器，如图 4.11 所示，那么扬声器就能发出声音了，注意信号幅度最好不要超过 2V。

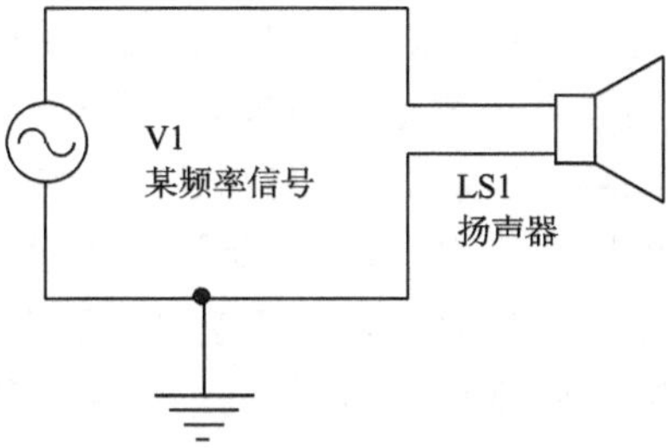

图 4.11　使用信号发生器驱动扬声器

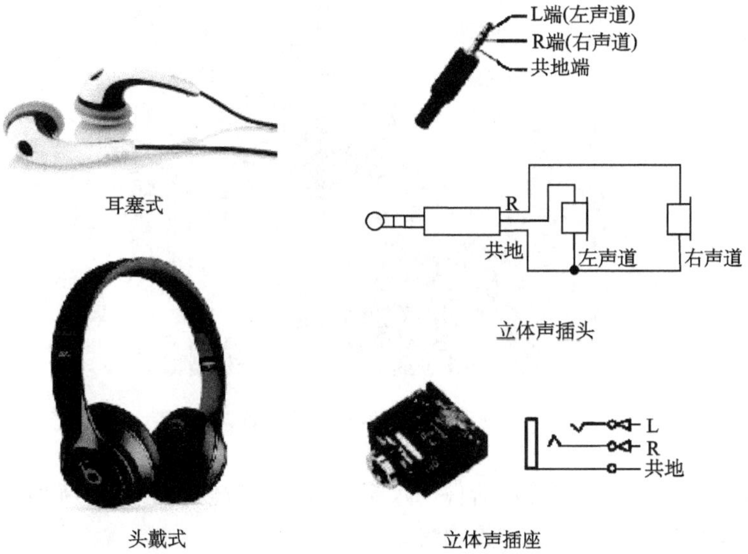

图 4.12　耳机

耳机是一种微型的扬声器，将电信号还原成声音信号，根据使用MP3播放机的经验可知，耳机一般有耳塞式和头戴式两种，耳机都有一个立体声插头，该插头有3个芯：L端、R端、共地端。这3个芯与左、右声道耳机的连接示意如图4.12所示。左、右声道的耳机共用共地端，与另两端(R端和L端)形成立体声插头的3个芯。对应的立体声插座也有3个接触片(从图4.12立体声插座的电路符号可以看出)与插头一一对应连接口。

喇叭溯源

喇叭是一种管乐器，上细下粗，多用铜制成，又可指一种电声元件，作用是将电信号转换为声音，也称扬声器，分为带状、号角、气垫等。喇叭使用了这样一个事实，就是当给位于磁场中的线圈通以变化的电流时，线圈将响应电流的变化而发生移动。一定想不到这个点子最早是由西门子提出的。亚历山大·格雷厄姆·贝尔于1876年申请电话专利时，就采用了西门子的这个概念在听筒中产生音频，从那时开始，声音再现设备的质量和功率逐渐得到提高，1898年，英国Oliver Lodge爵士进一步依照电话传声筒的原理发明了锥盆喇叭，与人们所熟悉的现代喇叭十分类似，Lodge爵士称为“咆哮的电话”。不过这个发明却无法运用，因为直到1906年LeeDe Forest才发明了三极真空管，而制成可用的放大器又是好几年以后的事，所以锥盆喇叭到20世纪30年代才逐渐普及起来。图4.13展示了留声机上的喇叭的样子。

图4.13　留声机上的喇叭

蜂鸣器是另一种电致发声器件，计算机启动的时候会听到一声“嘀”的响声，就是蜂鸣器发出的声音，可作为报警、提示之用。

本书实验中的蜂鸣器属于电磁式有源蜂鸣器(图4.14)，只需加载5V电压就能发声，使用很简单。

图 4.14　实验中使用的电磁式蜂鸣器

蜂鸣器的种类

蜂鸣器分为压电式及电磁式的两大类。压电式蜂鸣器(图 4.15)主要由多谐振荡器、压电蜂鸣片、阻抗匹配器及共鸣箱、外壳等组成。它以压电陶瓷的压电效应来带动金属片的振动而发声。电磁式的蜂鸣器则是用电磁的原理，通电时将金属振动膜吸下，不通电时由振动膜的弹力弹回。

图 4.15　压电式蜂鸣器

压电式蜂鸣器需要比较高的电压才能有足够的音压，一般建议为 9V 以上。电磁式蜂鸣器用 1.5V 就可以发出 85dB 以上的音压，但消耗电流会高于压电式蜂鸣器。

无论是压电式蜂鸣器还是电磁式蜂鸣器，都有有源和无源的区分，其中，“有源”是指蜂鸣器本身内含驱动，直接给它一定的电压就可以响；“无源”则需要靠外部的驱动才可以响。

4.2.2　声音信号的接收和声电转换

声音要被电子设备检测到，就需要进行声电转换，将声波转换为能被电子电路识别或被电子设备(示波器)观测到的电信号。生活中一般通过话筒(也称麦克风）实现声音的接收和转换。

话筒广泛存在于人们身边，手机、电话机、录音笔等都利用话筒实现声电转换。根据话筒的换能原理可以分为动圈式话筒、电容式话筒、驻极体话筒、炭粒式话筒等，按输出的阻抗可分为低阻型（R<2kΩ）和高阻型（R>2kΩ）。图 4.16 为常见的话筒及典型参数。

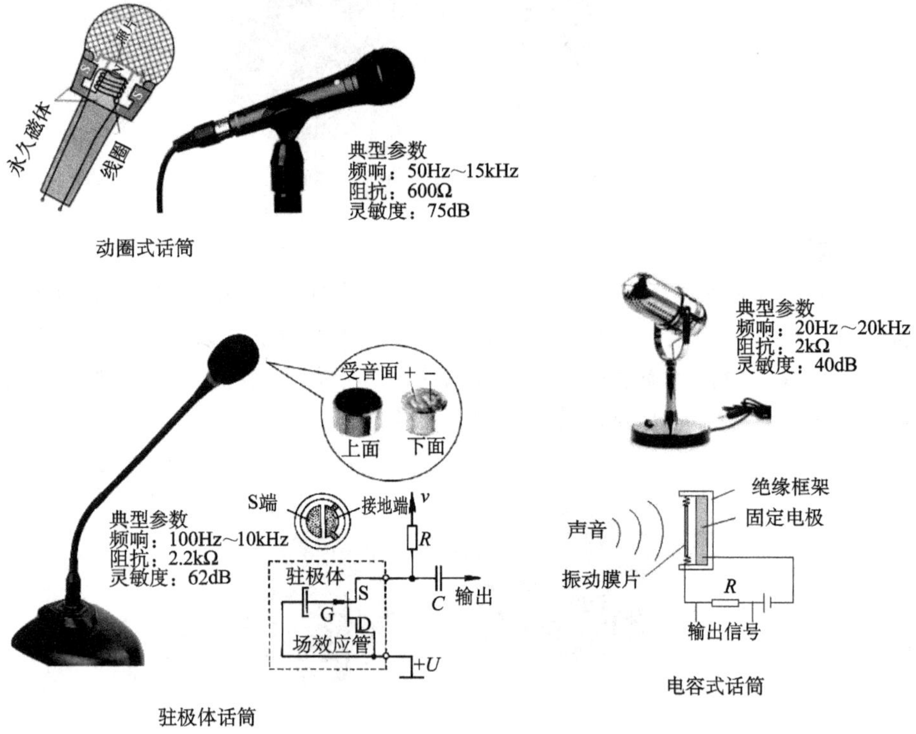

图 4.16　三种话筒的形式

驻极体话筒具有体积小、结构简单、电声性能好等特点，广泛应用于无线话筒、声控电路等应用中。注意驻极体话筒的两个引脚有正负区别，负端一般与外壳短接（图 4.17）。

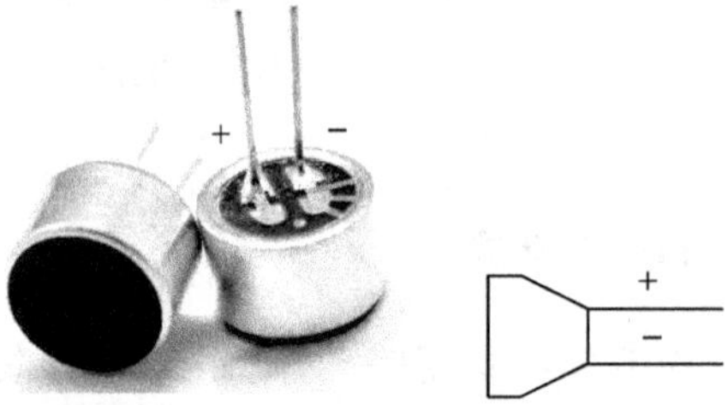

图 4.17　话筒及电气符号

提示：驻极体话筒内部存在一个由振膜、垫片和极板组成的电容器，当膜片受到声压强的作用时产生振动，从而改变了膜片与极板之间的距离，实际上改变了电容器两个极板之间的距离，引起了电容值的变化。所以话筒可以认为是一个声控电容器，电容值随声音的变化而变化。话筒内部还含有一个有源阻抗变换和放大电路，用于将电容值的微弱变化形成的电压变化放大输出，因而话筒最终的效果，是将声音的变化转换成变化的电信号。

话筒作为一种声控电容器，其声电转换功能需配合外部电路才能实现。图 4.18 为一种简易的声音接收电路图，所用到的元件包括话筒 MK1、电阻 R1、电容 C1。R1 和 MK1 构成串联电路，供电电压为+5V。当话筒接收声波时，A 点的电压会随着声音的变化而发生变化，形成随声音变化的信号。电容 C1 具有隔直通交的作用，实现声音信号的输出。在 Vout 端能通过示波器观测到转换的声音信号。

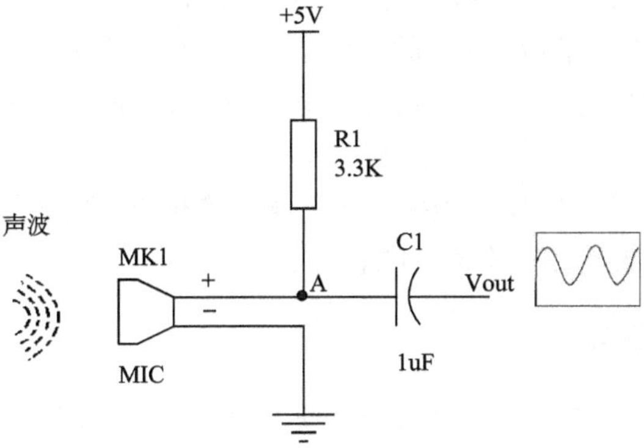

图 4.18　声音接收电路图

4.3　本章实验和要求

4.3.1　电子信号的产生和观测实验

使用信号发生器(参见 2.2 节)产生一个 1kHz 的正弦波信号，幅度为 5V，按如图 4.19 所示连接(注意共地，参见 2.4.2 节)，使用示波器分别观测节点 A 和节点 B 的信号。

测试步骤如下。

(1) 使用信号连接线将信号发生器和示波器相连。把黑色信号线(地)接在一起，红色信号线(信号)接在一起(A 点)输入示波器的 CH1 通道。注意：信号发生器的红黑端子不可短接。

(2) 选用电阻 R2 和电容 C2，构成串联电路，按图 4.19 进行信号的连接，其中 A

点为串联电路的信号输入端，B 点为信号响应端(测试端)，B 点接入示波器 CH2 通道。

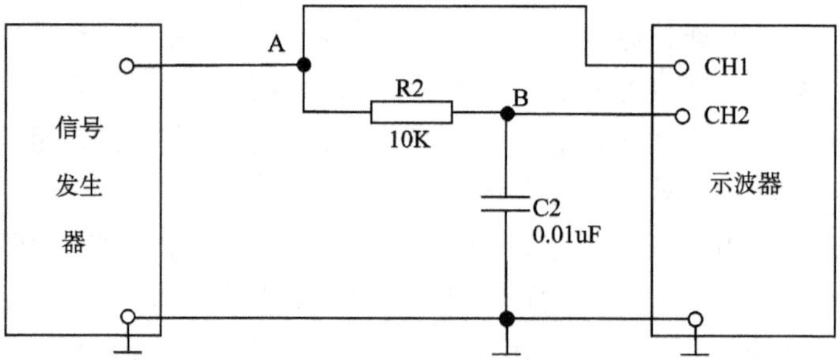

图 4.19　信号的产生和观测图

(3) 调节信号发生器，产生频率为 1kHz 的正弦波。

(4) 调节示波器水平调节(时间)旋钮和垂直调节(幅度)旋钮、正确使用触发按钮，观测信号发生器产生的波形。初学者可以使用 Auto 按键自动扫描观察(参见 2.3 节)。

(5) 变换信号波形、幅度、频率、直流偏置等参数，观察并记录测试结果。理解频率、幅度、峰峰值、直流偏置的意义。

4.3.2　声音的产生实验

(1) 使用信号发生器产生 100Hz～2kHz 的正弦波信号(至少 8 组)，峰峰值不超过 2V，无直流偏置。

(2) 用上述信号驱动扬声器，记录扬声器的发声效果。注意扬声器需要焊接引线。

(3) 变换信号发生器的输出波形为方波，记录方波驱动的声音效果，并分析与正弦波信号之间的差异及原因。

4.3.3　声音的接收实验

(1) 搭建一个声音接收电路，按图 4.18 进行焊接，用直流稳压电源正确供电。

(2) 使用示波器观测并记录图中 Vout 端采集到的声音信号，记录波形和频率。在电路连接过程中，注意共地。

(3) 变换信号发生器的输出波形为方波，观察 Vout 端是否会发生变化？

注意：由于实验中声音采集电路不具备信号放大功能，在声音信号采集时，需要将话筒靠近扬声器放置。

课后思考和作业

1. 信号发生器和示波器的主要作用是什么？
2. 查阅资料，整理并说明压电式蜂鸣器与电动式扬声器的异同点。
3. 相同频率下方波和正弦波为何声音效果不同？
4. 如何能更灵敏地进行声音信号的采集？
5. 查阅资料，说明如何产生和接收超声波。
6. 设计一个围绕声音的创新小课题，并提出可能的解决方案。

第 5 章　灰度传感器的原理和应用

让电子系统感知环境，抓住外界的信息变化，一直以来是电子工程师关心的课题。各种环境参数包括声音、光线、颜色、温度、气味等，通常需要依靠传感器技术进行采集。电子工程师一直坚持着设计和应用各种传感器，帮助机器进行外界的自动识别。本章要为初学者介绍一种可以感知光线亮暗、识别颜色深浅的传感器——灰度传感器。灰度传感器可以应用于机器人小车，帮助小车进行引导线识别，是构成智能小车的重要部分。

5.1　进一步了解电子信号和测量设备

熟悉电子信号的基本属性和熟练掌握仪器仪表的使用方法对电子技术的学习非常重要。本章将进一步了解电子信号的相关知识，并且继续熟悉相关仪表使用方法。

5.1.1　模拟信号、直流信号和交流信号

电子信号一般可以分为模拟信号和数字信号，本书所涉及的电子信号，以模拟信号为主。

模拟信号的信号参数(频率、幅度等)随时间连续变化，其基本特征是信号在任何时刻可以取任意值，是一种连续信号。自然界的温度、声音、气压等的变化都属于模拟信号，用信号发生器产生的正弦波、三角波、方波等也属于模拟信号。

如第 4 章所述，模拟信号按照信号的变化情况可以分成直流信号和交流信号。

1. 直流信号

直流信号是指信号的幅度、相位等参数保持恒定，不随时间变化的信号，用 DC 表示，直流信号频率为 0。式(5.1)表示的是一个直流信号，其值为 2.5V，图 5.1 是其信号波形图。这个图和第 4 章中的直流时域信号的表示是一致的。

$$U_1(t)=2.5\text{V}\quad(t>0) \tag{5.1}$$

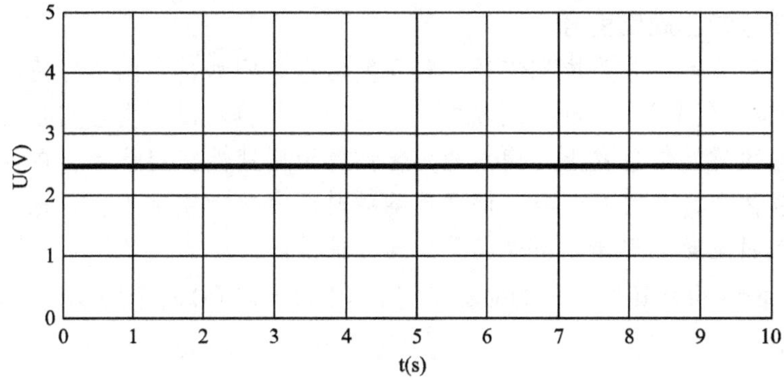

图 5.1　直流信号波形图

直流信号的作用

电池或直流稳压电源提供的电压，都是直流信号。直流信号在电子电路中，往往起到支撑、调节电子电路正常运行的作用，如给三极管提供的偏置电流、为放大电路提供的偏置电压、为信号采集系统提供的参考电压等都以直流信号的形式出现。

2. 交流信号

交流信号是指信号幅度、频率或相位随时间不断变化的信号，用 AC 表示，也称为交变信号。交流信号最主要的特征是其相关参量随时间不断变化，从而引起交流信号瞬时值的不断变化。式(5.2)表示的是一个周期性交流信号 $U_2(t)$，其中 ω 为角频率，图 5.2 为其信号波形图。

$$U_2(t)=\sin(\omega t)\,(\mathrm{V})\quad (t>0) \tag{5.2}$$

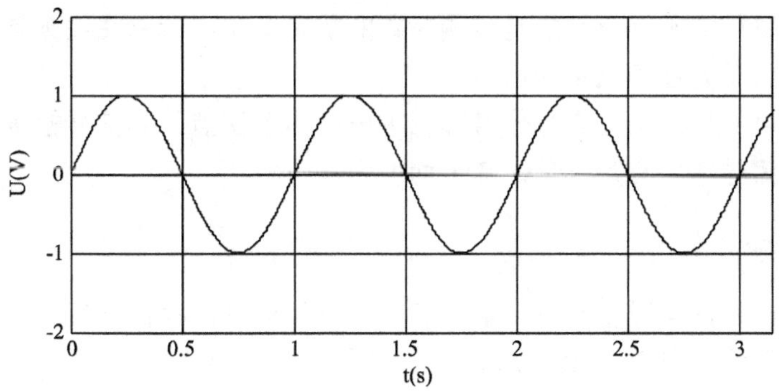

图 5.2　交流信号波形图

周期信号和非周期信号

交流信号又可以分为周期信号和非周期信号。例如，我国家庭使用的市电为有效值 220V、频率为 50Hz 的周期信号，信号的相位随时间发生周期性变化，从而引起信号的瞬时值也发生周期性的变化，属于周期性交流信号。在第 4 章中采集到的音频信号，其信号频率、幅度等均随时间变化而发生变化，也属于交流信号，但其无明显变化规律，所以属于非周期信号。

图 5.3 表示的是其他形式的交流信号。其中，图 5.3(a)属于周期信号，图 5.3(b)为非周期信号。

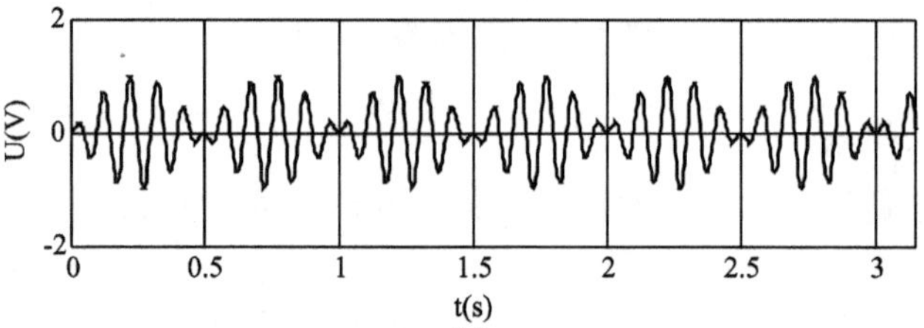

(a)

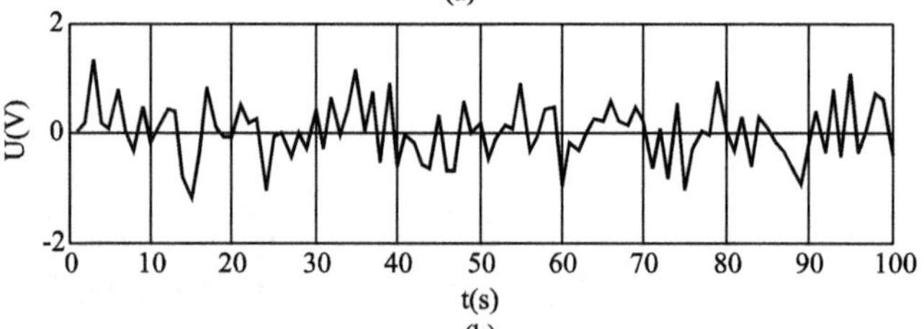

(b)

图 5.3　其他形式的交流信号

由图 5.2 和图 5.3 可以看出，交流信号的一个特点是瞬时值连续变化的信号。交流信号的变化实际上反映的是被测对象的状态变化，所以往往蕴含着重要的信息，是真正需要处理和采集的信号。

交流信号的另一个特点是信号都以零电平为平衡点，其信号幅度围绕零电平上下波动，信号电压有正有负，其平均值为零。

3. 直流偏置

模拟信号往往同时含有直流信号和交流信号成分，存在直流和交流叠加的情况，如信号表达式(5.3)，其波形如图 5.4 所示。

$$U(t)=2.5+0.1\sin(\omega t) \quad (\mathrm{V}) \tag{5.3}$$

式中，2.5V 为直流信号(直流分量)；0.1 $\sin(\omega t)$为交流信号(交流分量)，交流信号幅值为 0.1V。从图 5.4 中看出，交流分量的平衡点被直流分量抬高至 2.5V，这个值也称为信号的直流偏置。

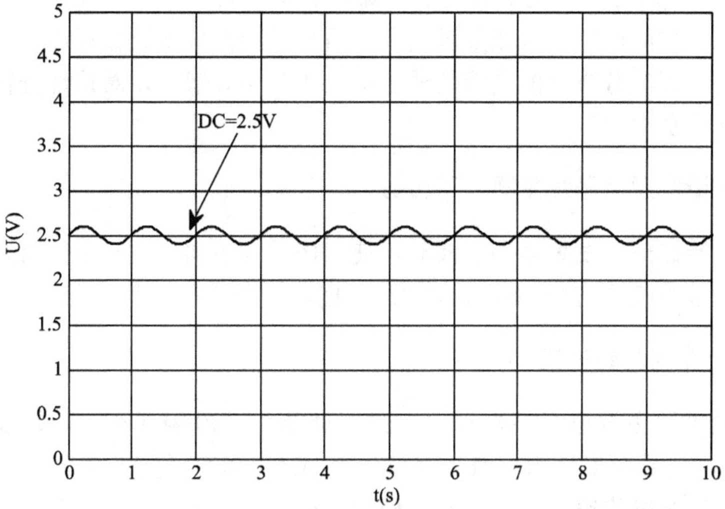

图 5.4　交直流分量共存的波形

4. 交直流共存时的信号观察

观察上述同时含有交流分量和直流分量的模拟信号时，会使用到示波器的“耦合”功能——直流耦合或交流耦合方式(详见 5.1.2 节)。

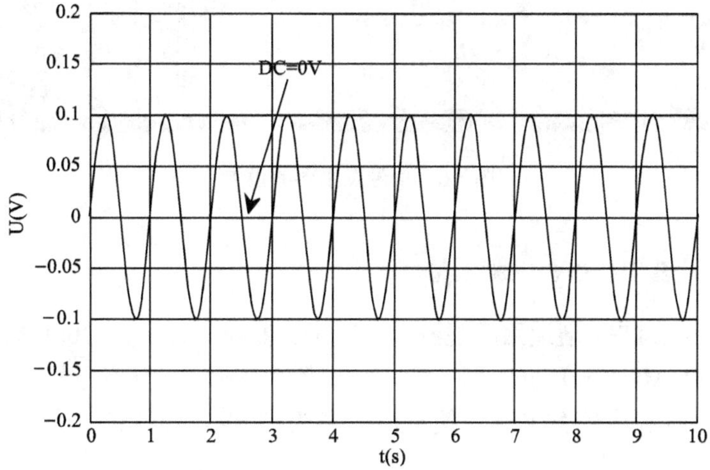

图 5.5　隔直后交流分量信号幅度展宽

直流耦合时，示波器可以显示信号的完整信息，但是并不一定有利于观测，如图 5.4 所示，信号的展宽不够充分，观察不够细致。

交流耦合时，可以将直流分量隔离，而只对交流分量进行观测，如图 5.5 所示，是隔离了直流分量后的交流信号，即 $0.1\sin(\omega t)$ 部分，对该部分信号展宽后可以进行细致观测。

5.1.2　进一步使用信号发生器、示波器

下面连接好信号发生器和示波器，使用信号发生器产生一个既有直流分量，又有交流分量的模拟信号[参照式(5.3)]，用示波器进行跟踪观测。

1. 信号发生器的设置

信号发生器主要进行波形选择、频率调节、直流偏置和信号幅度调节。如图 5.6 所示，信号频率设为 1kHz；打开 DC OFF SET（直流偏置）功能，调节直流偏置；通过幅度旋钮，设置交流信号的幅值。

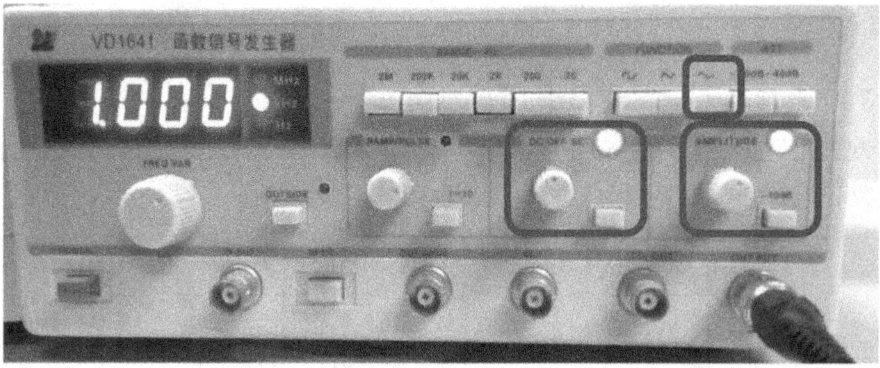

图 5.6　信号发生器的设置

2. 用示波器 DC 耦合观测完整信号

使用示波器 CH1 通道跟踪观测。设置示波器输入方式为 DC 耦合(图 5.7)，然后使用测量(Measure)功能(图 5.8)，观察频率(Freq)、直流分量(Mean)和峰峰值(Pk-Pk)，调节信号发生器，使直流分量为 2.5V，峰峰值 200mV(对应幅值 100mV)。

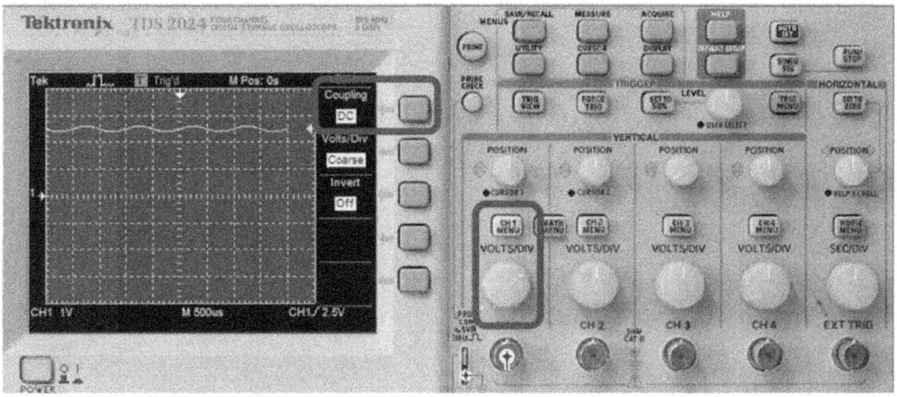

图 5.7　示波器 DC 耦合输入方式

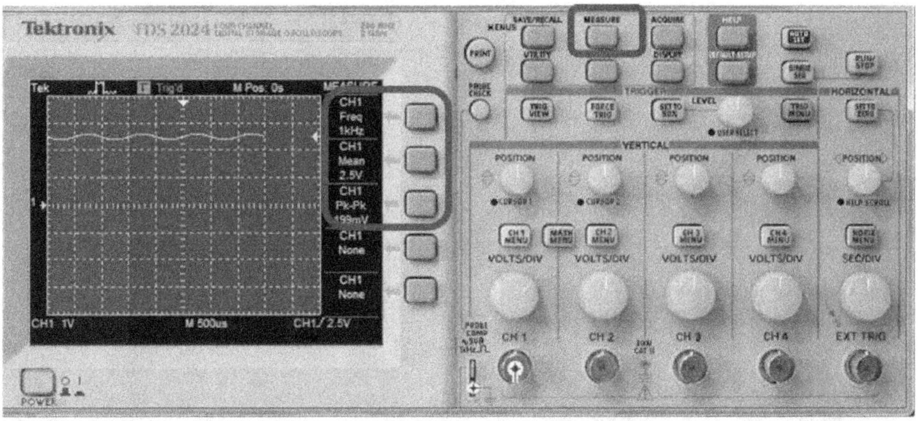

图 5.8　示波器测量(Measure)功能

输入耦合

示波器的输入耦合方式即信号接入示波器的传输方式，一般有直流(DC)耦合、交流(AC)耦合和接地(GND)耦合。DC 耦合用于完整观测全部信号波形，包括直流分量和交流分量；AC 耦合只进行交流信号的观测；GND 耦合则表示接地输入，可以观测零电平点的位置。

3. 使用 AC 耦合观测交流分量

在 DC 耦合方式下，信号纵向展宽有限，对交流分量电压和波形的观测并不细致，因而需要进一步展开信号显示幅度。如图 5.9 所示，示波器输入方式设置为 AC 耦合，隔离直流分量，对交流分量单独测量。通过图 5.9 中的垂直旋钮将信号显示幅度纵向展开，再通过 Measure 功能，可设置感兴趣的观测参数。

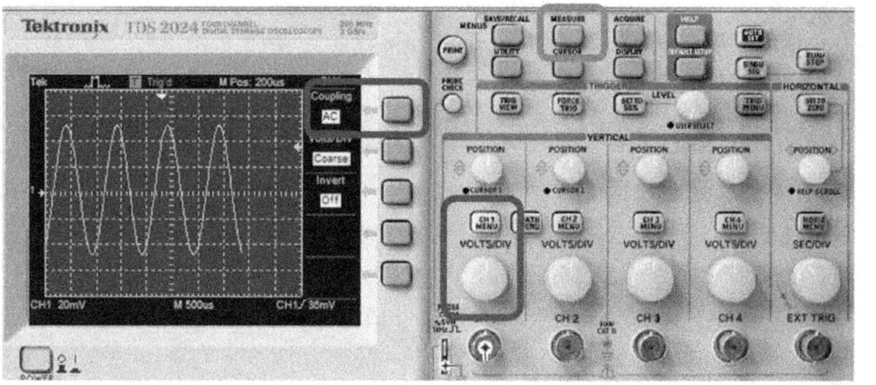

图 5.9　AC 耦合方式下的测量

当信号进行适当展宽后，可以利用光标(Cursor)，精确测量两条光标线的电压差，如图 5.10 所示。切换光标测量类型，还可测量时间间隔。

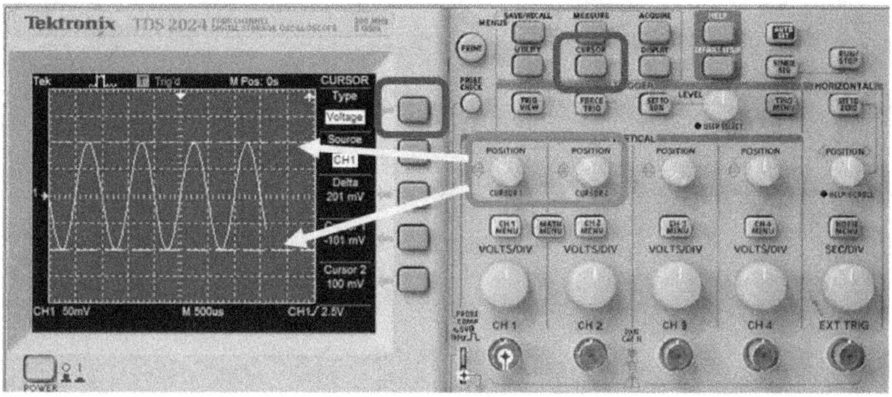

图 5.10　利用光标测量电压差

5.2　光 敏 电 阻

5.2.1　光敏电阻简介

光敏电阻(Photoresistor)是利用半导体的光电导效应制成的一种电阻值随入射光强弱而改变的电阻器，用于光的测量、光的控制和光电转换。一般光敏电阻在光照增强时，电阻减小，反之光照减弱，电阻则增大。光敏电阻广泛应用于弱光探测和开关控制等，如光控灯中采用了光敏电阻器作为控制灯光亮暗的传感器。

光敏电阻的实物图、结构图和电气符号如图 5.11 所示。

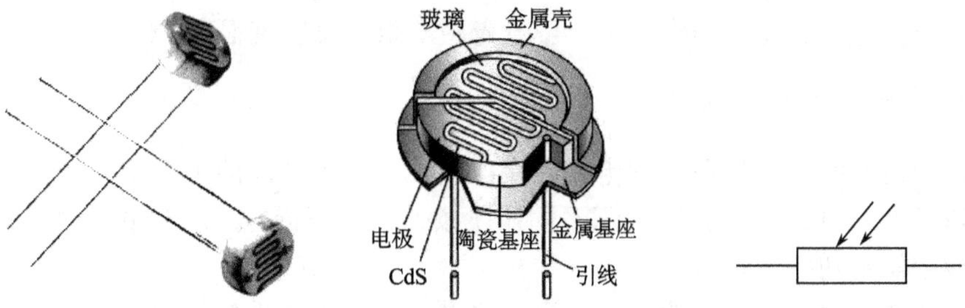

(a) 实物图　　(b) 结构图　　(c) 电气符号

图 5.11　光敏电阻图和电气符号

光敏电阻的分类

光敏电阻按入射光光谱范围，主要分为可见光光敏电阻和红外线光敏电阻，也有紫外线光敏电阻。

最常见的可见光光敏电阻材料是硫化镉(CdS)，其光谱响应特性最接近人眼视觉的光谱，在可见光波段范围内的灵敏度最高。本书实验中所使用的主要是这类光敏电阻。由于可见光光敏电阻器对光的敏感性(即光谱特性)与人眼对可见光(0.4～0.76μm)的响应很接近，只要人眼可感受的光，都会引起它的阻值变化。

红外线光敏电阻有硫化铅(PbS)、锑化铟(InSb)系列光敏电阻。

5.2.2　光敏电阻的主要参数和基本特性

在选用光敏电阻设计时，需进一步考虑其主要参数和一系列特性，如暗电流、光电流、伏安特性、灵敏度等。

1. 光敏电阻的主要参数

1) 暗电阻和暗电流

暗电阻是光敏电阻在室温条件下，全暗(无光照射)后经过一定时间测量的电阻值，称为暗电阻，此时给定电压下流过光敏电阻的电流称为暗电流。

2) 亮电阻和亮电流

光敏电阻在某一光照下的阻值，称为该光照下的亮电阻，此时在给定电压下流过的电流称为亮电流。

3) 光电流

光电流是指光敏电阻亮电流与暗电流之差。

光敏电阻的暗电阻越大，而亮电阻越小，则性能越好。也就是说，暗电流越小，光电流越大，这样的光敏电阻的灵敏度越高。实际的光敏电阻的暗电阻往往超过 1MΩ，甚至高达 100MΩ，而亮电阻在正常白昼条件下也可降到 1kΩ 以下，暗电阻与亮电阻之比在 $10^2 \sim 10^6$，可见光敏电阻的灵敏度很高。

2. 光敏电阻的伏安特性

在一定照度下，加在光敏电阻两端的电压与电流之间的关系称为伏安特性。图 5.12 中曲线 1、2、3 分别表示不同照度条件下伏安特性。该图中的虚线为允许功率线或额定功率线。

由曲线可知，在给定偏压下，光照度越大，光电流也越大。在一定的光照度下，所加的电压越大，光电流越大，而且无饱和现象。但是电压不能无限地增大，超过器件最高工作电压和最大额定电流时，可能导致光敏电阻永久性损坏。

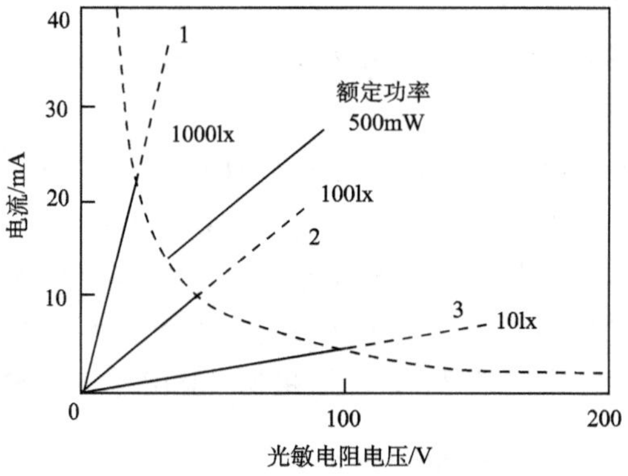

图 5.12　光敏电阻的 *V/I* 特性

3. 光敏电阻的光照特性

光敏电阻的光照特性用于描述光电流和光强度之间的关系，绝大多数光敏电阻的光照特性是非线性的，不同光敏电阻的光照特性是不同的，硫化镉光敏电阻的光照特性如图 5.13 所示。所以，光敏电阻一般在自动控制系统中作为开关式光电信号转换器而不宜作为线性测量元件。

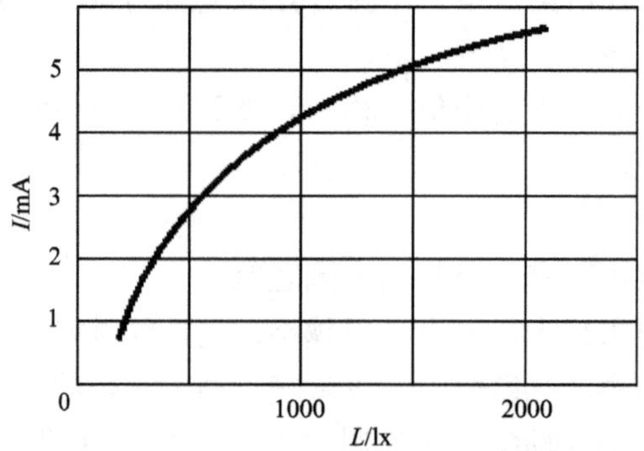

图 5.13　光敏电阻光照特性曲线图

5.3　可见光光敏电阻构成的灰度传感器

5.3.1　灰度传感器简介

由光敏电阻和发光二极管(Light Emitting Diode，LED)可以构成灰度传感器，如图 5.14 所示。该灰度传感器通过二极管发出光线，经平面反射后，光敏电阻接收反射光线。由于反射光线强弱与平面的颜色有关，所以灰度传感器可以检测与平面颜色相关的参数。

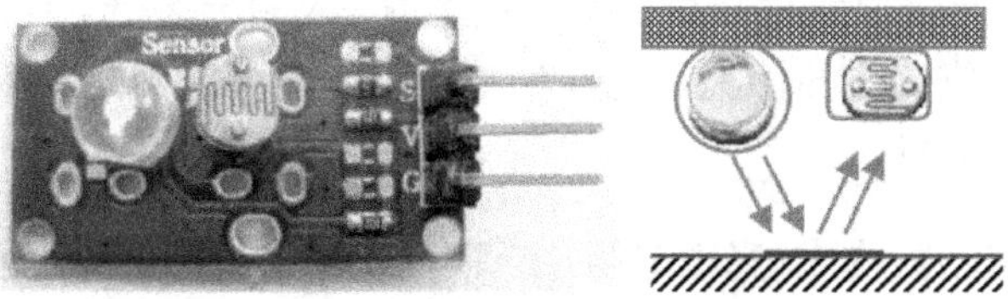

图 5.14　灰度传感器模块与工作示意图

图 5.15 是 LED 实物图和电气符号。在第 1 章中已经了解过 LED，图 5.15 中的 LED 属于高亮型，两个引脚中较长的是阳极，较短的引脚称阴极。LED 电气符号中。LED 具有二极管单向导电性等基本属性。

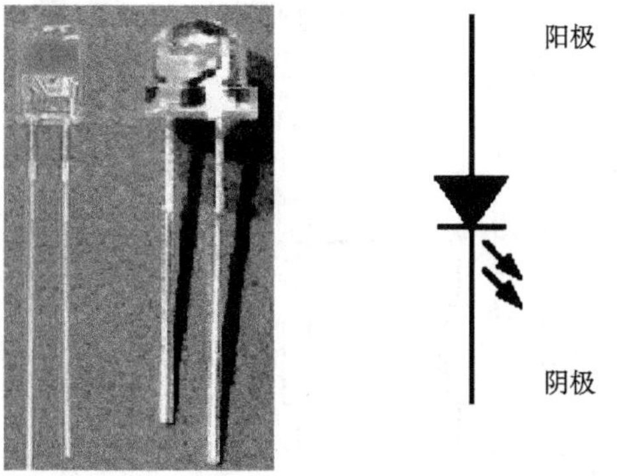

(a) LED实物　　(b) LED电气符号

图 5.15　LED

灰度传感器常常作为寻线型机器人小车的路径识别传感器。图 5.16 是灰度传感器在寻迹小车上的典型应用。将传感器安装在小车前部，用于探测在白色背景上的黑色引导线。

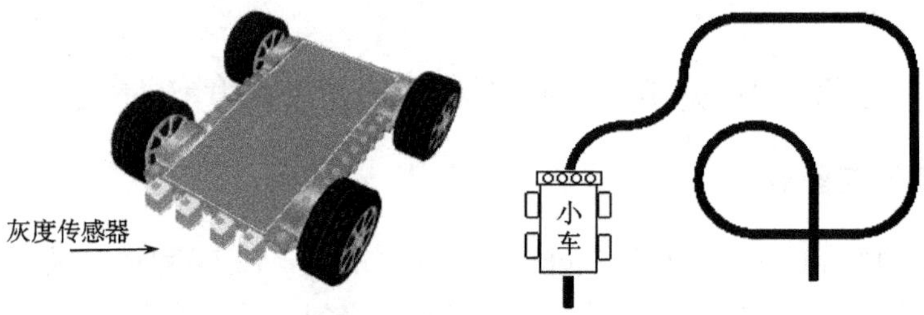

图 5.16　灰度传感器在寻迹小车上的应用示意图

灰度传感器探测到白色背景时，反射的 LED 光较为强烈，此时光敏电阻阻值较小；当灰度传感器位置处于黑色引导线上时，反射光较弱，光敏电阻阻值较大。根据光敏电阻阻值变化的情况，配合相关电路，即可以确定小车的位置，从而正确引导小车寻线运行。

5.3.2　灰度传感器的构成(光敏电阻)

图 5.17 是光敏电阻构成的灰度传感器工作电路原理图，R3 和 D1 构成 LED 发光电路，发光强度可以通过 R3 的阻值调节，一般使 LED 电流不超过 20mA。R4 和 RL1 构成光敏电阻分压电路，当灰度传感器接收较强反射光时，RL1 阻值变小(小于 1kΩ)，使得 Output1 端为接近于零电平(小于 0.5V)的电压；而当接收较弱反射光时，RL1 阻值增大(大于 1MΩ)，使 Output1 端获得接近于电源+5V 的电压。这样一高一低两个电压，也常称为高电平和低电平，可以被后续电路加以利用，以区分检测到的相关信息。

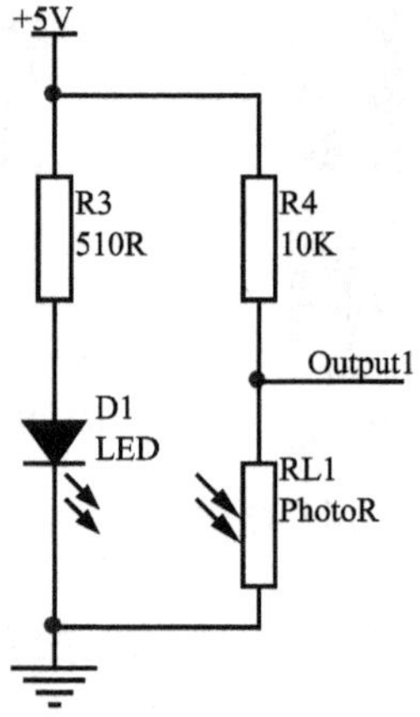

图 5.17　灰度传感器工作电路原理图

高电平和低电平是数字逻辑中的概念，一般高电平是+5V 或接近+5V，低电平是 0V 或接近 0V，用于区分两种截然不同的电路状态，本书中也将用到这样的电平。

5.4　红外二极管构成的灰度传感器

5.4.1　红外灰度传感器的构成

上述灰度传感器中的光敏电阻易受环境光的影响，因而多使用红外接收二极管(Infrared Receiver Diode)替代光敏电阻以克服这一缺点，同时 LED 用红外发射二极管(Infrared Emitting Diode)替代，构成红外灰度传感器。

红外发射二极管和红外接收二极管构成一对红外对管，可以发射和接收特定频谱的红外线，在各种家用电器的遥控接收器中得到广泛应用。红外发射二极管其外形和普通 LED 并无特别差异；而红外接收二极管其导通电阻特性类似于光敏电阻，如图 5.18(a)所示，其中浅色 LED 为红外发射管，深色 LED 为红外接收管。

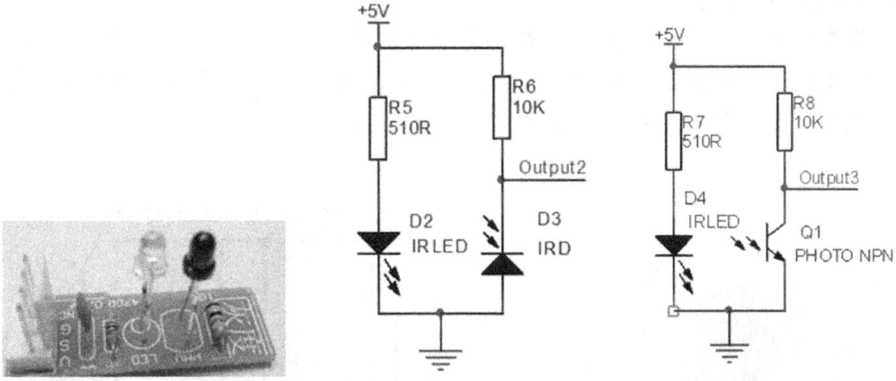

（a）红外灰度传感器模块图　　（b）灰度传感器测试原理图（红外光敏二极管）　　（c）灰度传感器测试原理图（红外光敏三极管）

图 5.18　红外对管构成的灰度传感器及应用原理图

光敏二极管

光敏二极管(Photodiode)本身具有二极管的单向导电性，但具有一个光敏特征的 PN 结，一般工作时将 PN 结加上反向电压。无光照时，PN 结的反向电阻非常大，光敏二极管处于截止状态；当受到光照时，饱和反向漏电流明显增加，形成光电流，其导通电阻随入射光强度的变化而变化。

工作时，红外发射管发射红外线，通过平面反射后(图 5.14)，红外接收管接收红外线。当反射光线较强时，接收管导通电阻变小；反之当红外线较弱时，接收管导通电阻增大，趋向于截止状态。

利用红外发射和接收管，可以制作红外灰度传感器，如图 5.18(a)所示，可以有效避免可见光干扰。图 5.18(b)是该模块的电路原理图，D3 为红外接收二极管，D2 为红外发射二极管。有时也使用图 5.18(c)的形式，其中 Q1 为红外光敏三极管，其作用同红外二极管。

光敏三极管

光敏三极管和普通三极管相似，也有电流放大的作用，只是它的集电极电流不仅仅受基极电流的控制，同时受到光辐射的控制，通常基极不引出。因而光敏三极管受到感应光光照时，其导电能力与光照强度呈现正相关。

5.4.2 集成灰度传感器 TCRT5000

TCRT5000 是目前比较常用的集成灰度传感器，集成了一对红外发射和接收对管。TCRT5000 器件实物及内部结构图如图 5.19 所示，图中 C、E 是红外接收管的两个电极，分别为集电极(Collector)和发射极(Emitter)。图 5.20 是 TCRT5000 的技术手册的一部分。

要更详细地了解一个器件或者芯片的技术参数、使用规范、封装尺寸等，就需要查看该器件生产商提供的技术手册。技术手册一般可以通过生产商网站获取，也可以通过搜索引擎查找，可参考第 1 章的相关内容。

(a) 实物图

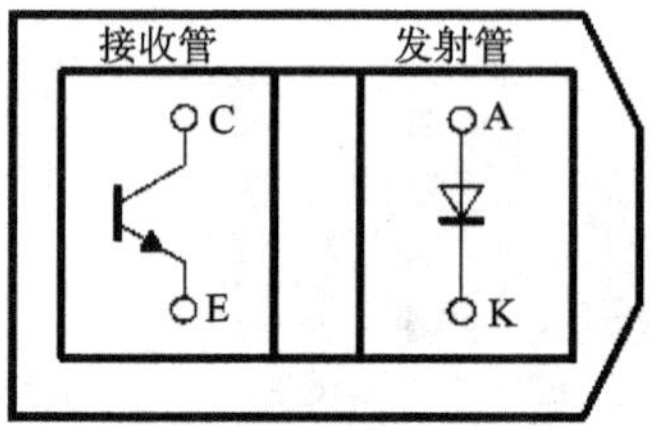

(b) 内部结构原理图

图 5.19　TCRT5000 灰度传感器实物图和内部结构原理图

图 5.21 是由 TCRT5000 构成的灰度传感器模块，模块中的元器件都使用了较小的封装形式，因而体积比较小巧。

5.4.3 红外灰度传感器应用电路

图 5.22 是由 TCRT5000(U1)、LED 发光二极管(D5)、电阻(R9 和 R10)构成的红外灰度传感器测试电路，可以直观检测 TCRT5000 的工作效果：用白纸作为反射面，当白纸靠近灰度传感器时，LED 灯亮，否则熄灭。

VISHAY

TCRT5000(L)

Vishay Telefunken

Reflective Optical Sensor with Transistor Output

Description

The TCRT5000(L) has a compact construction where the emitting-light source and the detector are arranged in the same direction to sense the presence of an object by using the reflective IR beam from the object. The operating wavelength is 950 mm. The detector consists of a phototransistor.

Applications

- Position sensor for shaft encoder
- Detection of reflective material such as paper, IBM cards, magnetic tapes etc.
- Limit switch for mechanical motions in VCR
- General purpose – wherever the space is limited

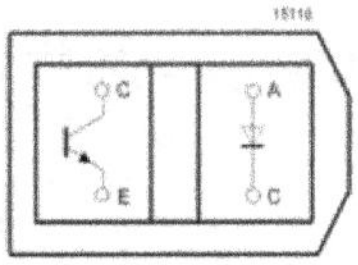

Top view

(a)

Absolute Maximum Ratings

Input (Emitter)

Parameter	Test Conditions	Symbol	Value	Unit
Reverse voltage		V_R	5	V
Forward current		I_F	60	mA
Forward surge current	$t_p \le 10\ \mu A$	I_{FSM}	3	A
Power dissipation	$T_{amb} \le 25^\circ C$	P_V	100	mW
Junction temperature		T_j	100	°C

Output (Detector)

Parameter	Test Conditions	Symbol	Value	Unit
Collector emitter voltage		V_{CEO}	70	V
Emitter collector voltage		V_{ECO}	5	V
Collector current		I_C	100	mA
Power dissipation	$T_{amb} \le 55^\circ C$	P_V	100	mW
Junction temperature		T_j	100	°C

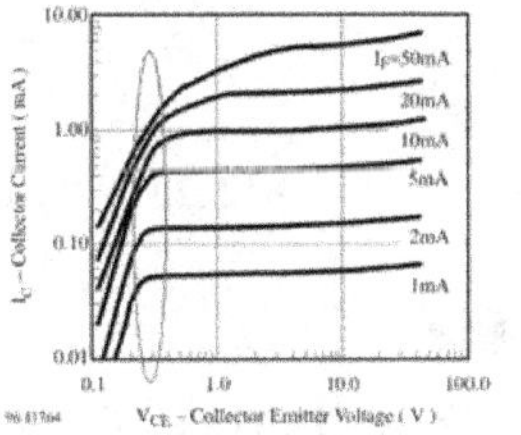

Figure 7. Collector Emitter Saturation Voltage vs. Collector Current

(b)

图 5.20　TCRT5000 部分技术手册页

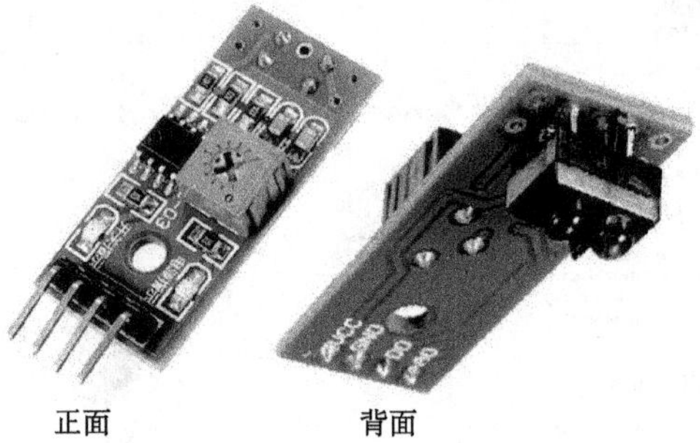

图 5.21　TCRT5000 电路模块示意图

努力看懂图 5.22，并与实物联系起来，焊接并进行电路的测试。

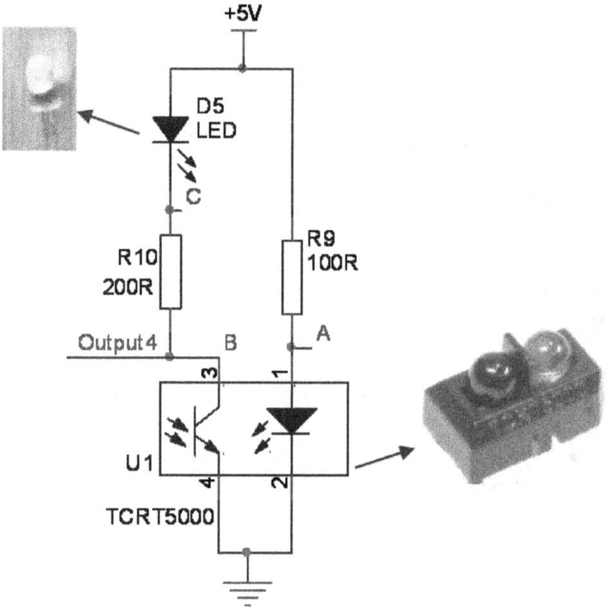

图 5.22　TCRT5000 测试电路原理

发射支路的测算

测试电路中 R9 与 TCRT5000 的红外发射管连接，构成红外线发射支路，其中 R9 为限流电阻。由数据手册可知，TCRT5000 发射管的极限电流是 60mA，因而需要选择适当的 R9 值，控制 TCRT5000 发射管电流在安全范围内；但也不能使 TCRT5000 电流太小而影响测试灵敏度。发射管的电流控制在 30～40mA 比较适宜。

在进行电流估算时，需要考虑发射管的导通压降。由数据手册知，TCRT5000 发射管的导通压降的典型值是 1.25V（比一般二极管的导通压降典型值 0.7V 要大），因而该支路电流大约是（5–1.25）/100 =0.0375（A）= 37.5（mA），可以满足要求。

接收支路的测算

测试电路中的接收支路由 LED D5、电阻 R10 与红外接收管串联。当红外发射管发出的红外线反射到接收管时，接收管导通，D5 发光指示。而当没有反射光或反射较弱时，接收管处于截止状态，呈现很大的电阻，D5 熄灭。由此可以指示 TCRT5000 的工作状态。

对接收支路进行电流测算：一般 LED（D5）的导通电流控制在 10～20mA 比较合适，TCRT5000 的接收管最大电流 I_{CE} 可达 100mA，因而 R10 主要用于限制 D5 的最大导通电流。由数据手册可知，当该支路中接收管充分导通时，V_{CE} 压降最小约为 0.3V，LED（D5）的压降估计为 1.7V（根据材质的不同，LED 导通压降通常在 1.5～2.0V），这时，流过支路的电流大约是（5–0.3–1.7）/200=0.015（A）=15（mA），考虑反射时光电转换的效率损失，实际电流肯定不超过 15mA，符合要求。

5.4.4　仍需改进的灰度传感器应用电路*

实际使用的灰度传感器有时需要给后级电路提供一个确定的输出信号，如在小车识别黑色引导线的时候，该信号能够明确指示目前探测到的是白色背景还是黑色引导线。电子电路中一般使用高电平（+5V 或接近+5V）和低电平（0V 或接近 0V）来表示这类信号。因而，总是希望该灰度传感器可以直接输出高电平或者低电平。那么具体情况是怎么样的?

电路实测（图 5.23）：并没有符合规格的高、低电平输出。

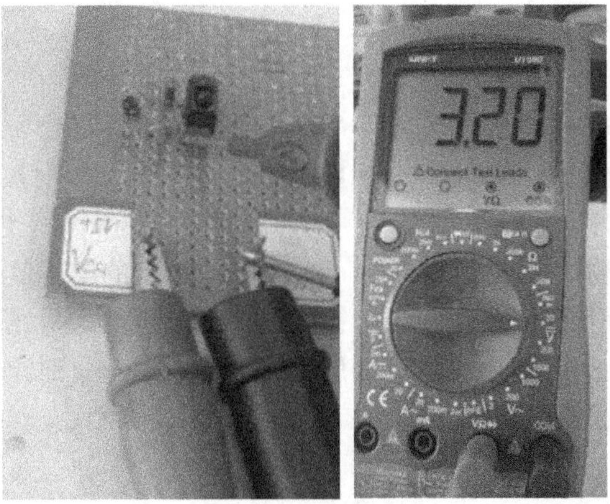

（a）LED 熄灭时的输出电压

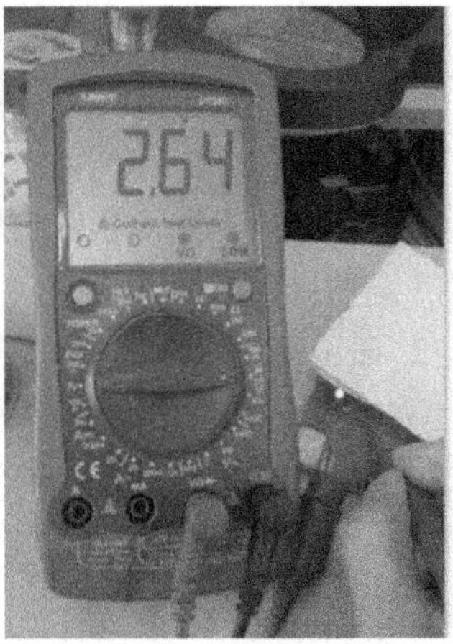

（b）LED 发光时的输出电压

图 5.23　电压测试图

图 5.22 的测试电路中 LED(D5)的亮灭可指示工作状态，但输出端 Output4 并不能输出符合规格的高电平或者低电平。对实际电路测试如图 5.23(a)所示，在 D5 熄灭时，B 点(Output4)输出 3.20V；如图 5.23(b)所示，在白纸反射下，D5 发光，此时 B 点电压为 2.64V，这两个电压并不符合高低电平要求。因此上述测试电路只是比较适合于进行功能验证。

具体应用电路该如何修改，到后续章节综合课题应用时再一并考虑。

5.5　实验内容和要求

5.5.1　信号的产生和观测

参照 5.1 节的内容，进行如下测试，掌握 AC、DC 信号的测量，巩固信号发生器、示波器的使用。

(1)使用信号发生器产生 $U(t)=2.5+0.1\sin(\omega t)$ (V)的信号，信号频率 2kHz。

(2)正确使用示波器，通过 AC 耦合、DC 耦合将信号调至合适位置，使用测量(Measure)功能对信号进行观测。

(3)记录测试步骤和测试过程，用手机拍照记录结果。

5.5.2　光敏电阻性能的定性测量

(1)自拟方案，测量光敏电阻在不同光照条件下的阻值变化，并绘制表格。

(2)提示：方案要求能够至少测定 5 个等级的光照强度，可以合理利用遮光物件，体现出等级差。

(3)参数曲线可以参考图 5.13 进行绘制。

5.5.3　灰度传感器的测试

(1)参照图 5.22，焊接 TCRT5000 红外灰度传感器测试电路，并正确加载电源电压。焊接时注意元器件布局合理、焊点饱满不虚焊、电源端使用排针引出、测试点易于测表笔接触等。

(2)在正常通电情况下，对测试图 5.22 中的 A 点、B 点、C 点的电压值进行测量。测量分不同情况：①灰度传感器不发生反射；②用白纸反射；③用光面金属反射。记录②和③最佳反射效果时的电压值。利用上述测量结果，分别计算三种情况下 LED(D5)和接收管(CE 端)的导通电阻。

课后思考和作业

1. 查阅资料，补充说明有哪些信号属于模拟信号。模拟信号的主要特点是什么？

2. 查阅资料，说明是否能利用 TCRT5000 灰度传感器分别测出不同等级的灰度值。

3. 根据图 5.23 中的 A、B 点实测电压，分别推算支路电流和二极管此时的导通电阻各为多少？

第 6 章　电机驱动和简易小车制作

全国大学生智能汽车竞赛和机器人大赛风靡全国，风驰电掣的智能车驰骋赛场给学生带来了无限的激情和想象。智能车如何制作完成，如何进行赛道识别，怎样有效转向，未来的智能车是否能够真正实现无人驾驶上路，这些都是值得探究的问题。千里之行，始于足下，对于初学者来说，还是先来学习制作一部简易的小车。本章将通过学习电机驱动原理，了解小车的动力部件，并且通过实践，搭建一部简易小车。

6.1　小车的动力部件——直流电机

6.1.1　小型直流电机简介

电机是把电能转换成机械能的装置。电机种类繁多，按电源类型分，可分为直流电机和交流电机两大类。常见的直流电机包括有刷电机、无刷电机、步进电机等。直流有刷电机是所有电机的基础，它具有启动快、制动及时、平滑调速、控制电路相对简单等特点。小型直流电机广泛应用于各种小型传动部件中，如录音机、录像机、电动玩具、玩具汽车、电动剃须刀等。如无特别说明，本书所提到的直流电机均指直流有刷电机，其结构如图 6.1 所示，图 6.2 是直流电机的工作和受力原理。

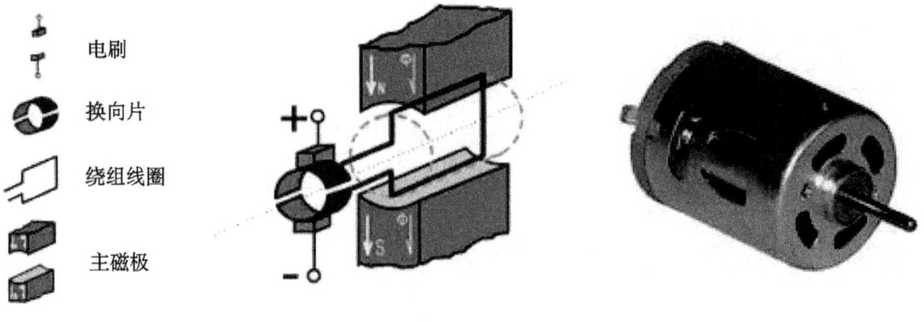

图 6.1　直流有刷电机内部结构图

直流电机的结构由定子和转子两大部分组成。直流电机运行时静止不动的部分称为定子，定子的主要作用是机械固定和产生磁场，由主磁极、电刷装置、机座和轴承等组成。运行时转动的部分称为转子，其主要作用是产生电磁转矩和感应电动势(发电机)，是直流电机进行能量转换的枢纽，所以通常又称为电枢，由转轴、电枢铁心、电枢绕组线圈和换向器等组成，如图 6.1 所示。

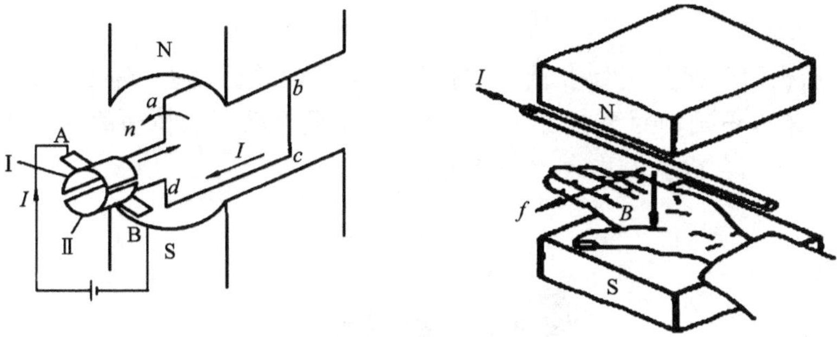

图 6.2　直流电机工作和受力原理

图 6.2 展示了直流电机的工作状况。初始阶段，换向片 I 与电刷 A 连接，换向片Ⅱ与电刷 B 连接，此时给两个电刷加上直流电源，则在转子绕组线圈中，有直流电流从电刷 A 流入，经过线圈 *abcd*，从电刷 B 流出，由左手定则判定，导体均受到逆时针力形成了一个转矩，使得转子逆时针转动。当转过 180° 时，换向片Ⅱ将与电刷 A 连接，换向片 I 将与电刷 B 连接，此时依然受到逆时针转动力矩，读者可自行分析其受力情况。

图 6.3 是 JA12-N20 型小型减速直流电机，该电机除了直流电机部分还包括减速齿轮部分。减速齿轮可以有效提高输出力矩。在 6V 供电电压下，根据不同的减速比，可以使该电机获得 50～500r/min 的转速。

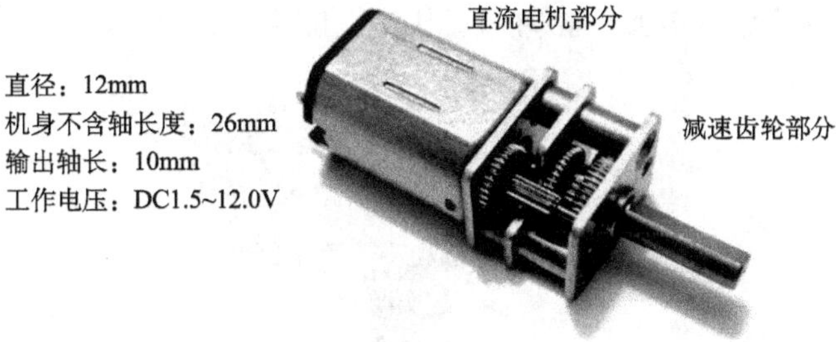

图 6.3　直流电机实物图

步进电机

步进电机是将电脉冲信号转变为角位移或线位移的开环控制电机。在非超载的情况下，电机的转速、停止的位置只取决于脉冲信号的频率和脉冲数，而不受负载变化的影响，当步进驱动器接收一个脉冲信号时，它就驱动步进电机按设定的方向转动一个固定的角度，称为“步距角”，它的旋转是以固定的角度一步一步运行的。可以通过控制脉冲个数来控制角位移量，从而达到准确定位的目的；同时可以通过控制脉冲频率来控制电机转动的速度和加速度，从而达到调速的目的。

步进电机的理想应用场合是计算机的打印机之类的设备(图 6.4)，在这些地方，纸张必须以精确的距离往上滚动，打印头也同样必须以精确的距离侧向运动。当然，步进电机在机器人中也十分有用。

图 6.4 打印机与步进电机

6.1.2 直流电机的运转

如何让直流电机转起来呢？方法很简单，只要给直流电机的两个端子(电刷)供电即可。

(1)打开直流稳压电源，将直流稳压电源的电压调至 2V 左右(图 6.5)。

图 6.5 给直流电机直接供电(加载 2V 电压)

(2)关闭直流稳压电源，用输出夹夹住直流电机的两个输入端。

(3)再次打开直流稳压电源，观察电机的转动情况。为便于观测，可以在输出轴上粘贴胶带、纸片或者安装配套的轮子。

(4)调节直流稳压电源电压，观察电机的转速变化。注意电压不超过额定电压。

(5)关闭电源，交换电源正负输入端，按照上述步骤观察反方向转动的情况。

实际应用中，一般通过驱动电路来进行电机的转动控制(图 6.6)。驱动电路不仅可以控制电机的运转启停，也能控制电机的速度和方向。驱动电路本质上是一种能量控制电路，控制加载于电机的电源通断，如图 6.7 所示。

图 6.6 使用驱动电路控制电机

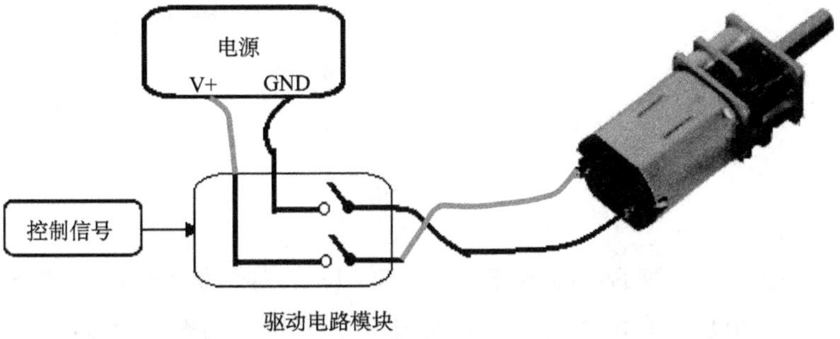

图 6.7 电机驱动电路功能示意图

6.2 用三极管驱动直流电机

6.2.1 三极管

三极管是一种半导体器件，也称双极型晶体管。在第 1 章里面已经了解过三极管，下面再加深一下对三极管的印象(图 6.8)。

(1) 三极管有三个引脚，分别称基极(Base)、集电极(Collector)和发射极(Emitter)，其中基极通常作为控制端，控制着集电极和发射极之间的电流通路。

(2) NPN 型三极管，内部结构上像是由 2 个背靠背的二极管构成。正常工作要求发射结正偏，集电结反偏。如果发射结的二极管不能导通，那么整个三极管截止。

(3) PNP 型三极管是 NPN 型三极管的对管，尽管结构不同，但是工作要求和 NPN 型一样：正常工作要求发射结正偏，集电结反偏。如果发射结的二极管不能导通，那么整个三极管截止。

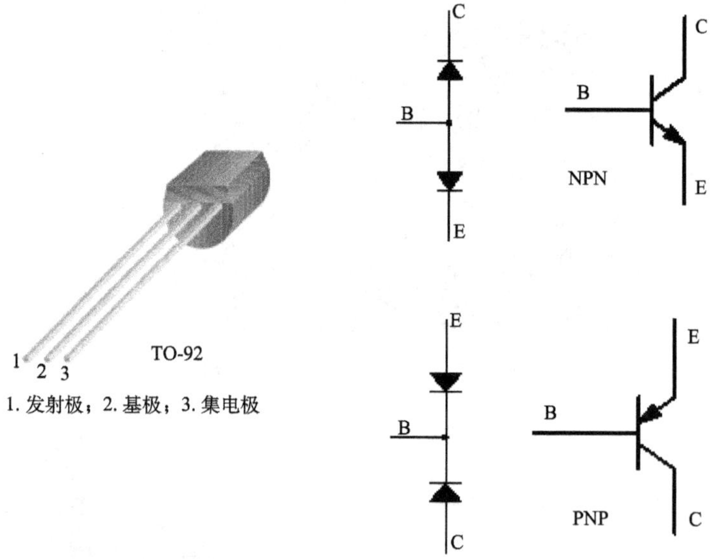

图 6.8　三极管

(4) 小功率三极管有 S9013 和 S8050。S9013 的对管是 S9012，S8050 的对管是 S8550。对于小功率直流电机，可以使用三极管驱动电路。不仅电路简单易懂，而且成本低廉。

6.2.2　三极管作为电子开关

三极管可以应用于放大电路设计，实现信号放大，不过理解三极管放大电路需要一定的电路基础。三极管也常常作为电子开关使用。电子开关的电路原理相对简单易懂，只需关心“开关”的通断状态。如图 6.9(a)所示，图中 SW1 为手动开关，电机 MG1 的两个电刷端子，一个接+5V，另一个接开关 SW1，则当 SW1 接通时电机运转，断开时电机停止。

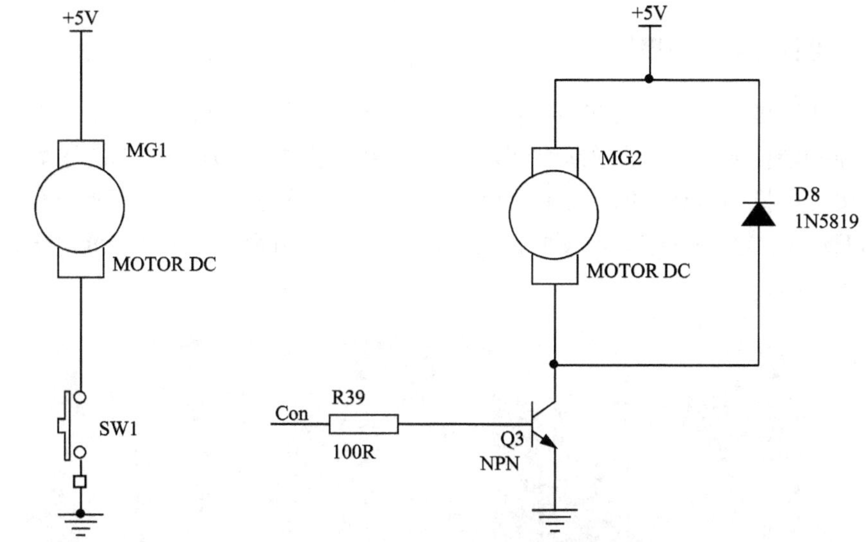

(a) 驱动开关模型　　(b) 三极管驱动电路

图 6.9　直流电机的开关驱动模型

将三极管作为电子开关应用于电机驱动电路中，如图 6.9(b)所示，三极管 Q3 替代 SW1 便构成电子开关。三极管的基极作为电子开关的控制端，接入外部控制信号 Con：当 Con 为高电平(+5V)时，三极管 Q3 导通，相当于开关闭合，当 Con 端为低电平(GND)时，Q3 截止，从而达到控制电机运转的目的。

二极管 D8 称为续流二极管。在 Q3 截止时直流电机惯性运转产生的感应电动势可以通过 D8 以续流的方式消耗，从而有效保护电路和器件。

三极管开关在很多小功率场合得以应用。如图 6.10(a)所示，三极管 Q4 实现了对 LED 灯(D9)亮灭的控制。如果把 LED 灯换成蜂鸣器，就获得了蜂鸣器的三极管驱动电路，如图 6.10(b)所示。

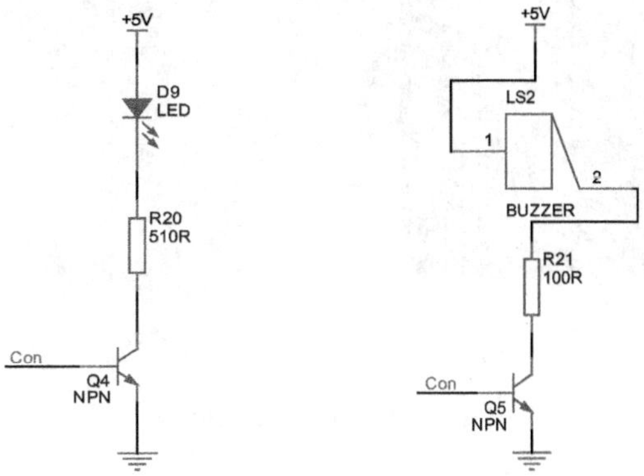

(a) 三极管 LED 驱动　　(b) 三极管蜂鸣器驱动

图 6.10　其他三极管驱动电路的应用

6.2.3　电机的调速原理*

上述三极管驱动电路在电机供电电压一定的情况下(图 6.10 中为+5V)，通过调节控制端信号(Con)的通断时间，可以控制某段时间内通过电机的平均电流，从而实现电机的调速。如图 6.11 所示，使用函数信号发生器产生矩形波信号，频率 1kHz，调节直流偏置、幅度和占空比，使矩形波的高电平为 5V，低电平为 0V，占空比 50%。

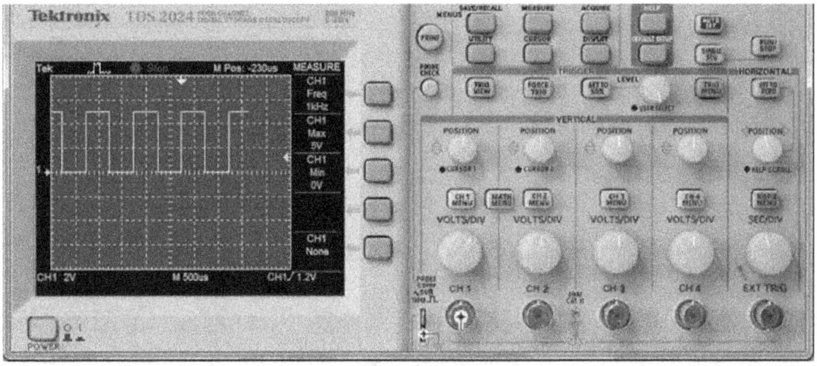

图 6.11　矩形波信号

将上述信号作为输入信号，驱动三极管，调节占空比，可以实现电机转速的调节(图 6.12)。这种通过信号占空比来进行电机调速的方法，称为脉宽调制驱动(Pulse Width Modulation，PWM)。

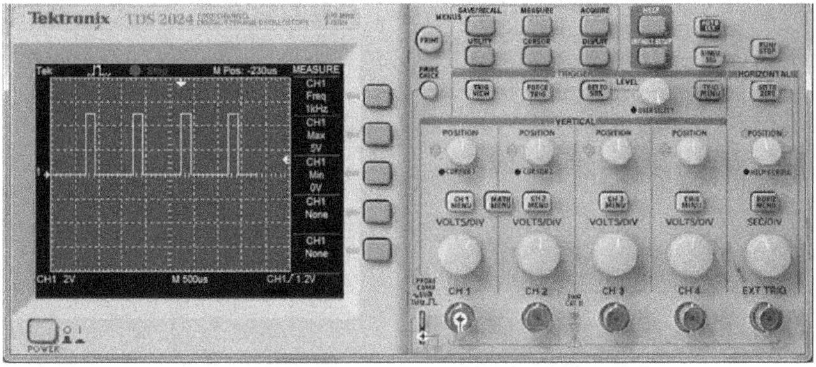

图 6.12　PWM 调速信号

PWM

PWM 技术通过脉冲宽度(占空比)的调节达到调整负载两端平均电压或负载平均驱动电流的目的(图 6.13)，从而控制负载运行功率。这种方法可以应用在许多方面，如电机调速、加热控制。图 6.10(a)中的 LED 发光亮度，也可以通过 PWM 技术进行调节，这也是目前很多照明设备调光的常用方法之一，在室外见到的彩色 LED 广告屏同样利用 PWM 技术实现色彩和亮度的控制。

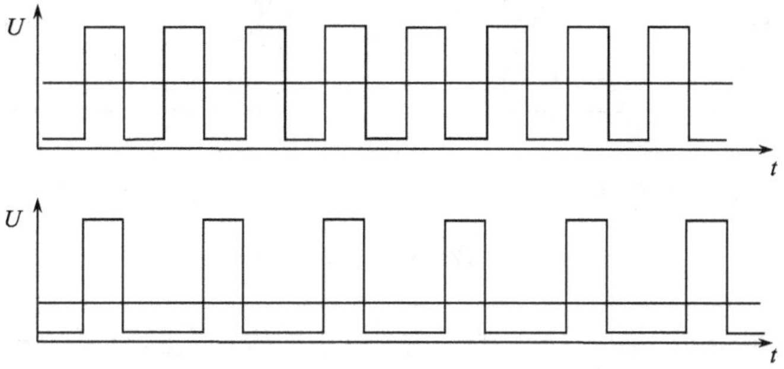

图 6.13 PWM 与平均电压

单个三极管驱动电路方案简明，制作方便，常应用于对小功率电机驱动要求不高的场合。当电机功率较大，或者电机发生堵转时，都可能产生大电流，容易对驱动管造成损坏。因而设计时需要估算驱动电路的最大电流和三极管额定电流之间的匹配情况。必要时在该支路中通过增加过流保护元件，如串联限流电阻或自恢复保险丝，以保护电路。

6.2.4 H 桥驱动电路实现完整驱动

单个三极管只能实现电机的单向驱动，要实现电机正转和反转 2 个方向的运转控制，就要使用多组三极管开关，实现电机驱动电流的方向切换。图 6.14 为典型的电机双向驱动电路模拟原理图——“H 桥”驱动电路。

电路得名于“H 桥”驱动电路是因为它的形状酷似字母 H。H 桥电机驱动电路包括 4 个开关和一个电机。4 个开关做成 H 的 4 条垂直腿，而电机就是 H 中的横杠。要使电机运转，必须导通对角线上的一对开关(图中 SW2 和 SW5 为一对，SW3 和 SW4 为另一对)。根据不同开关对的导通情况，电流可能会从左至右或从右至左流过电机，从而控制电机的转向。

同时也要注意，H 桥禁止使同侧的开关同时导通，若 SW2 和 SW4 同时导通，则会引起单边短路，可能会对电路和器件造成不可恢复的损坏。

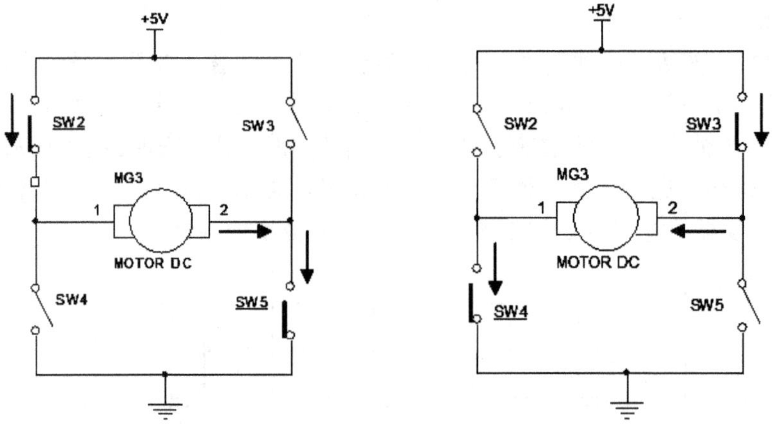

(a) 正转示意图　　(b) 反转示意图

图 6.14　H 桥电机驱动电路模型

现在用三极管替代图 6.14 中的开关，就能构成真实的 H 桥电机驱动电路，如图 6.15 所示。图中用 S8550 和 S8050 替代开关，二极管 D10～D13 是续流二极管。A,B,C,D 是 H 桥的 4 个控制端。

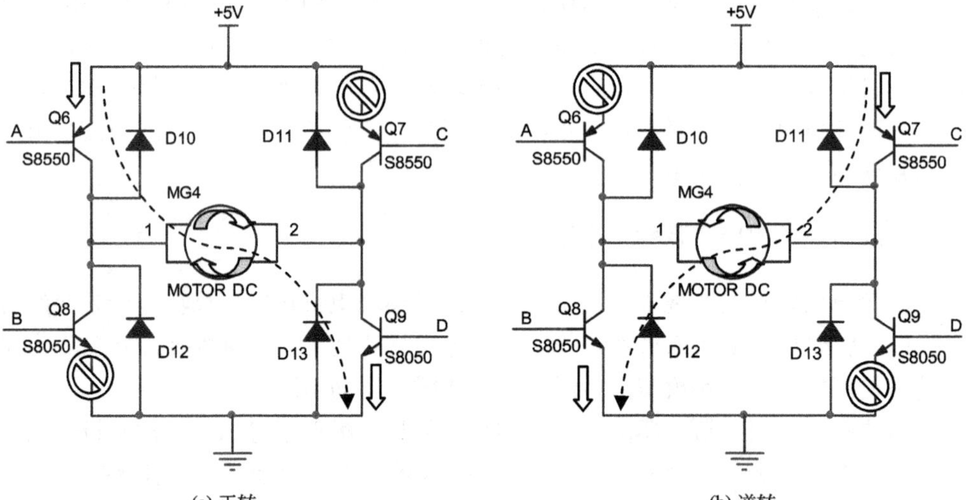

(a) 正转　　(b) 逆转

图 6.15　三极管构成的 H 桥驱动电路

三极管 H 桥分析

当 Q6 和 Q9 导通，而 Q7 和 Q8 截止时，电流就从电源正极(+5V)经 MG4 从左至右穿过电机，再经 Q9 回到电源负极(地)。按图 6.15 中电流箭头所示，该流向的电流将驱动电机顺时针转动。当三极管 Q7 和 Q8 导通而 Q6 和 Q9 截止时，电流将从右至左流过电机，从而驱动电机沿另一方向转动。

图中 Q6 和 Q7 采用 S8550，Q8 和 Q9 采用 S8050。S8550 是 PNP 管，控制端高电平使管子截止，低电平导通，S8050 是 NPN 型管，控制端低电平使管子截止，高电平导通。这样如图 6.15 所示，要使电机正转，则电平的逻辑是 A 低、D 高、B 低、C 高；电机反转时，A 高、D 低、B 高、C 低。

6.3　H 桥驱动电路应用原理图

图 6.16 提供了一个三极管构成的 H 桥驱动电路应用原理图，该电路在图 6.15 三极管构成的 H 桥驱动电路的基础上，增加了外围控制电路，其中 Q10、R22、R23、R26 实现对 B、C 端(Q7、Q8)的控制，Q11、R24、R25、R27 实现了对 A、D 端(Q6、Q9)的控制。电机 MG4 两端增加了并联电容，起到一定的抗干扰作用。

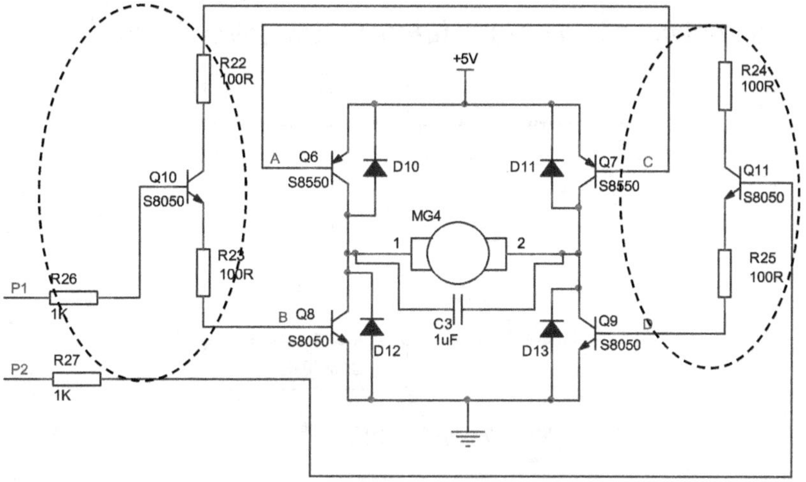

图 6.16　H 桥驱动电路应用原理图

注：(1)该驱动仅适用于小功率直流电机；(2)P1 和 P2 端口不能同时为高电平

由于 Q10、Q11 均为 NPN 管，所以当 P1 为低电平时，Q10 截止，高电平时，Q10 导通， 同时 Q7、Q8 也导通。同理，P2 形成对 Q6 和 Q9 的导通控制。但需要注意的是，P1 和 P2 端不能同时接高电平，否则就会形成同侧三极管短路现象，非常危险！表 6.1 是该应用原理图对应的电机控制逻辑状态表。

表 6.1　H 桥应用原理图的逻辑状态表

P1	P2	电机状态**
L*	H	正转
H	L	反转
L	L	停止
H	H	禁止使用

*H 表示高电平，L 表示低电平；

**电机正反转状态以实际连线为准

6.4　简易小车的搭建

利用小型直流电机、万向轮、轮胎、电池、开关、PCB 及相关元器件、配件设计组装一辆简易小车，运用较为简单快捷的方法尽快让小车动起来。小车结构示意图如图 6.17 所示。图 6.18 为主要结构配件及搭建的小车实物。

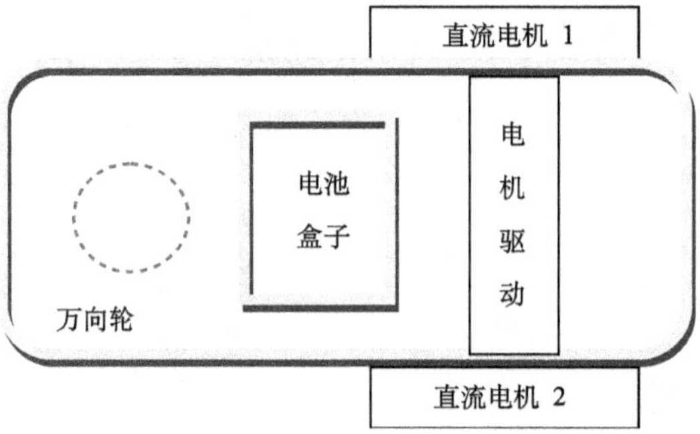

图 6.17　小车结构示意图

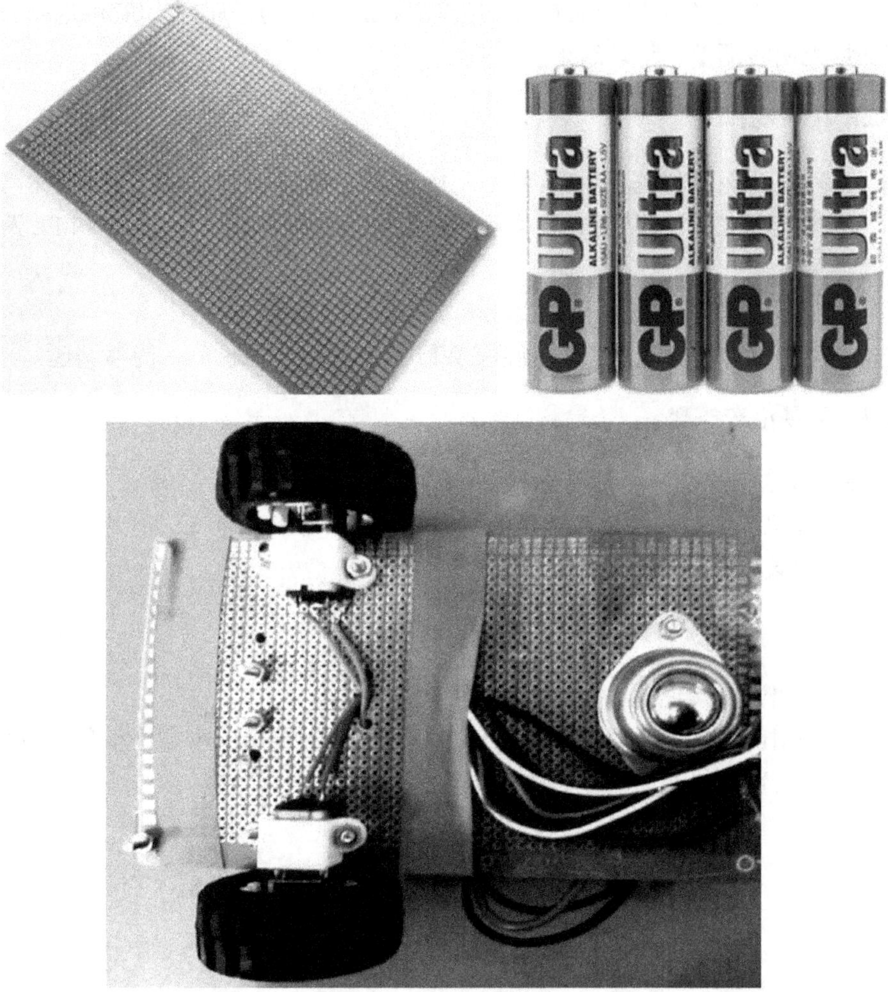

图 6.18　主要结构配件及搭建的小车实物

6.5　实验内容和要求

6.5.1　LED 的控制

阅读 1.2.4 节和 6.2.2 节，理解三极管作为电子开关的基本原理，利用三极管实现电子开关的功能。

(1) 参考图 6.9 实现单个三极管的电机驱动。

(2) 参考图 6.10(a)，实现三极管控制 LED 灯的功能。

(3) 使用信号发生器产生 PWM 矩形波(图 6.11)，调节占空比实现电机调速和 LED 灯光明暗调节，记录结果并分析。*

6.5.2　H 桥制作

理解 H 桥驱动的基本原理，利用三极管实现 H 桥驱动电路，记录结果并分析。

(1) 参考图 6.16，焊接 H 桥驱动电路，并连接好电机，引出 P1 和 P2 两个控制端。

(2) 正确加载高、低电平，实现电机的正转和反转。

(3) 将 P1 管脚接地，P2 管脚接 PWM 信号，测试电机是否能够调速。*

6.5.3　简易小车搭建

参照 6.5 节搭建一个简易小车。

(1) 根据本章内容及实际提供的材料，搭建一个简易小车，让小车动起来。

(2) 记录小车的制作过程。

课后思考和作业

1. 查阅资料，说明 PWM 调速的原理。
2. 利用已学知识，思考如何实现小车寻迹，并给出一个寻迹小车的构思。
3. 是否可以提高驱动电路的供电电压？

第 7 章　红外测距传感器和避障应用电路

生活工作，离不开安全二字，某种意义上，“距离”就代表着安全，对距离的判断和侦测，常常成为人们生活工作时刻关心的内容。看书写字要坚持正确视距，银行取款要保持安全距离，道路行车更要注意保持安全车距。先进的汽车电子系统引入主动防碰撞技术，有效检测行车周边的障碍物状况，帮助驾驶员提前制动，减小发生事故的可能；在机器人系统设计中，也常需进行周边障碍物的检测，为机器人动作提供反馈。通过电子技术进行测距有很多种方法，最常用的有超声波测距和红外测距法，也有激光测距、图像视觉测距等方法。本章主要带领初学者去了解以红外测距传感器为基础的测距原理，并把它用于实际的障碍物检测中。

7.1　红外测距传感器介绍

7.1.1　红外传感器简介

随着科技的发展，红外传感器技术正在向各个领域渗透，在工程测量、家用电器、安防设备等方面获得应用。

红外即红外线，又称红外光，它具有反射、折射、散射、干涉、吸收等性质。任何物质，只要它本身具有一定的温度(高于 0K)，都能辐射红外线。红外线的波长在 760nm～1mm(图 7.1)，工程上通常把红外线所占据的波段分为近红外(波长为 0.75～1.50μm)、中红外(波长为 1.50～6.0μm)和远红外(波长为 6.0～1000μm)三个部分。

红外传感器是利用红外线的物理性质来进行测量的传感器。红外传感器测量属于非接触式测量，因而不存在接触摩擦，具有灵敏度高、反应快等优点。红外传感器的应用主要体现在以下三个方面：①红外辐射和检测系统，用于热辐射和光谱辐射测量，如红外测温、红外跟踪系统、红外热成像系统等；②红外测距系统，利用红外线的收发器，实现物体间距离的测量；③通信系统，利用红外线实现数据的通信、状态的传输等。

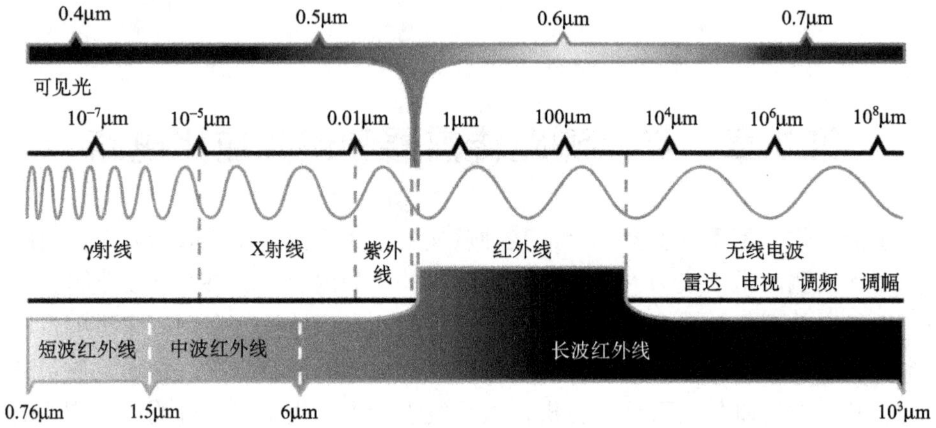

图 7.1　红外线光谱范围

7.1.2　红外测距传感器基本原理

红外测距传感器具有一对红外发射与接收二极管，发射管发射特定频率的红外信号，接收管接收这种频率的红外信号，当红外的检测方向遇到障碍物时，红外信号反射回来被接收管接收。红外测距传感器利用红外信号遇到不同距离障碍物时反射的强度或角度的不同，实现障碍物远近的检测。

在一些机器人竞赛中，SHARP 红外测距传感器得到广泛应用。图 7.2 显示了 SHARP 红外测距传感器的外观及内部结构图。该类传感器集成了位置感应探测器(PSD)、红外发射二极管(IRED)和信号处理电路。

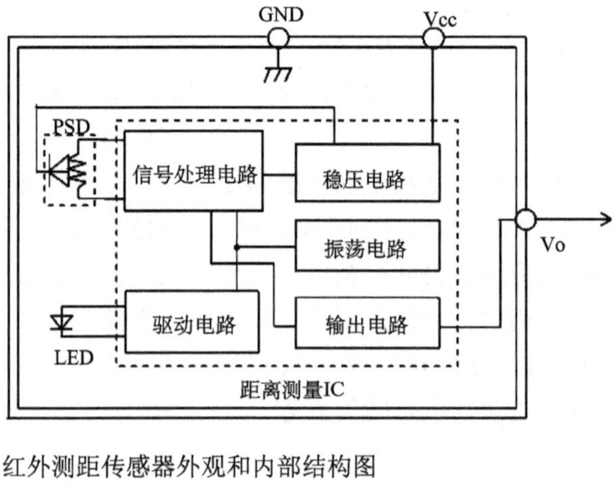

图 7.2　红外测距传感器外观和内部结构图

SHARP 红外传感器

SHARP 红外传感器都是基于一种测量方法——三角测量原理，不易受到外界干扰。SHARP 红外测距传感器的红外发射管按照一定的角度发射红外光束，当遇到物体以后，光束会反射回来，如图 7.3 所示。反射回来的红外线被 PSD 检测到后会获得一个偏移值 L，利用三角关系，在知道了发射角度 α、偏移距 L、中心矩 X，以及滤镜的焦距 f 以后，传感器到物体的距离 D 就可以通过几何关系计算出来了。

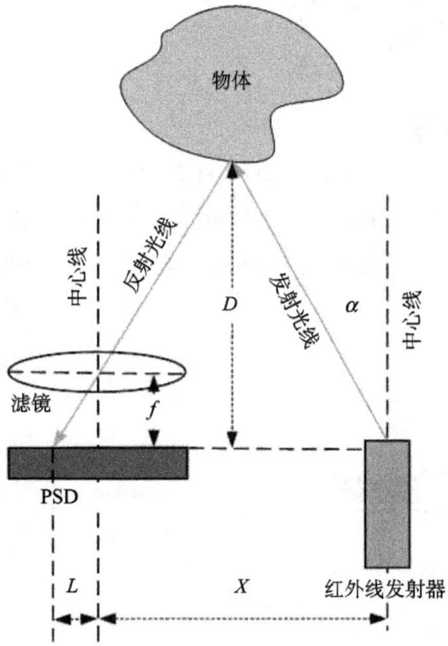

图 7.3　SHARP 测距原理图

SHARP 红外测距传感器有如下不同的型号序列。

(1) GP2D02(串口输出)探测范围为 10～80cm。

(2) GP2D05(数字输出)探测范围为固定的 24cm。

(3) GP2D12(模拟输出)探测范围为 10～80cm。

(4) GP2D15(数字输出)探测范围为 24cm。

(5) GP2D120(模拟输出)探测范围为 4～30cm。

(6) GP2Y0A21YK(模拟输出)探测范围为 10～80cm。

(7) GP2Y0D02YK(数字输出)探测范围为 80cm。

7.1.3　GP2Y0A21YK 红外测距传感器的参数

本节以 SHARP GP2Y0A21YK 型传感器为例介绍其基本应用。SHARP GP2Y0A21YK 传感器是基于 PSD 的微距传感器，其有效的测量距离在 80cm 以内，有效测量角度大于 40°，输出的信号为模拟电压，平均功耗约为 30mA，反应时间约为 5ms，并且对背景光及温度的适应性较强。

SHARP GP2Y0A21YK 传感器主要特性如下。

(1)供电电压：4.5～5.5V(典型值 5V)。

(2)测距范围：10～80cm。

(3)平均功耗：30mA。

(4)模拟输出：电压输出。

SHARP GP2Y0A21YK 传感器接口如图 7.4 所示，其中+5V 和 Ground 端口加载电源电压，Vo 为测距电压输出。通过检测 Vo 信号的输出电压，就可以根据“距离-电压”关系曲线，获得当前障碍物距离。图 7.5 是数据手册提供的测距与电压关系曲线图。

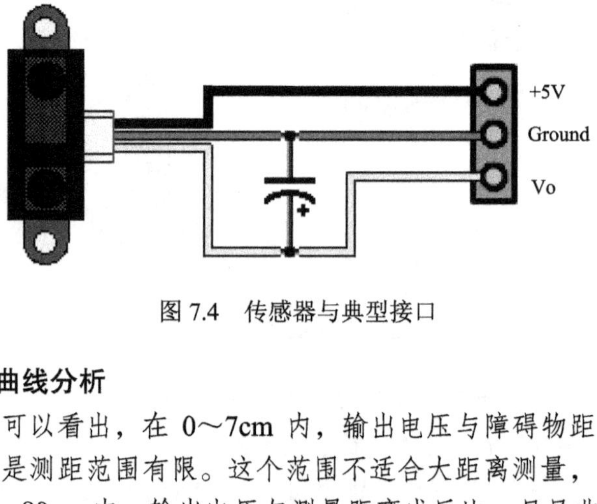

图 7.4　传感器与典型接口

图 7.5 关系曲线分析

由关系曲线可以看出，在 0～7cm 内，输出电压与障碍物距离成正比，且曲线比较线性，但是测距范围有限。这个范围不适合大距离测量，一般不作为有效测量区间。在 7～80cm 内，输出电压与测量距离成反比，且呈非线性下降趋势。这个区间是传感器主要的测距区间。在有效测距区间内，通过监测输出电压值，就可以判断目前的测量距离。

在障碍物监测过程中，如果只关心在某个距离范围内是否有障碍物存在，则只需监测该距离对应的电压点。例如，想要监测在 0～50cm 内是否有障碍物存在，则只需判断电压值是否大于 0.6V 即可。

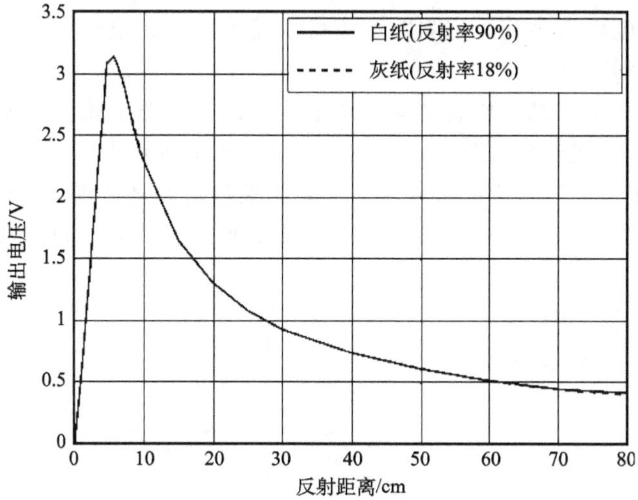

图 7.5　反射距离与电压关系曲线图

7.2　利用电压比较器来检测电压

7.2.1　电压比较器实现测距的基本方法

假设现在需要制作一个测距装置，判断其前方 50cm 内是否有物体出现。若检测到该范围内有障碍物，则报警指示。如前所述，只要红外传感器在有效范围内检测到输出电压 Vo 大于 0.6V，则说明遇到障碍物，再驱动报警电路，产生报警信号。障碍物检测示意图如图 7.6 所示。

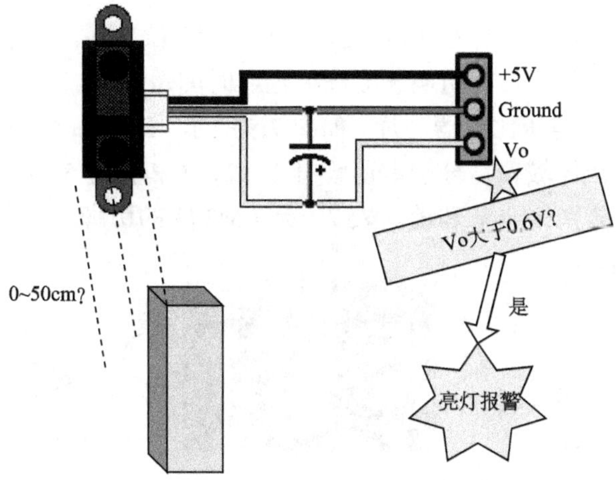

图 7.6　障碍物检测示意图

如何进行电压大小的判定呢？这里可以使用电压比较器对设定的电压值进行快速的检测和判断。

如图 7.7 所示，电压比较器有两个输入端，一个输出端。电压比较器的一个输入端(–)用于电压设定，设置的电压称为门限电压 V_T，另一个输入端(+)用于被测电压输入，记为 Vin。输出端将根据比较结果输出高电平或者低电平。其中“+”和“–”为电压比较器两个输入端，“+”称同相端，“–”称反相端。

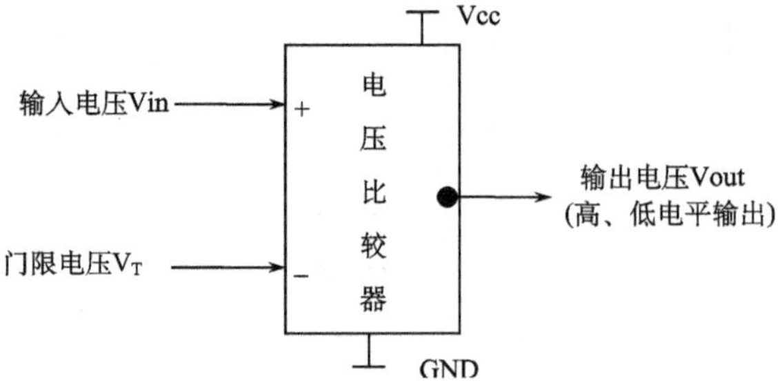

图 7.7　电压比较器功能示意图

图 7.7 的接法中，当输入电压 Vin ＞门限电压 V_T 时，Vout 输出高电平；反之若 Vin＜V_T， Vout 输出低电平。假设电压比较器 Vcc 为+5V，V_T 设置为 0.6V，则当 Vin＞0.6V 时，Vout 可输出高电平 5V；当 Vin＜0.6V 时，则 Vout 输出低电平 0V。

比较输出的高、低电平电压可用于驱动 LED 报警电路，实现报警提示功能。

7.2.2　认识电压比较器芯片

典型的电压比较器芯片有 LM311、LM393 和 LM339，分别集成了 1 个、2 个和 4 个电压比较器，具有切换速度快、延迟时间短等优点。

LM393 是双路电压比较器芯片。如图 7.8 所示，LM393 采用 DIP8 封装外形，内部集成 2 个电压比较器，分别占用管脚 1、2、3 和管脚 5、6、7。管脚 8 和管脚 4 是电源脚，分别接 Vcc 和地。表 7.1 是 LM393 的引脚功能表。

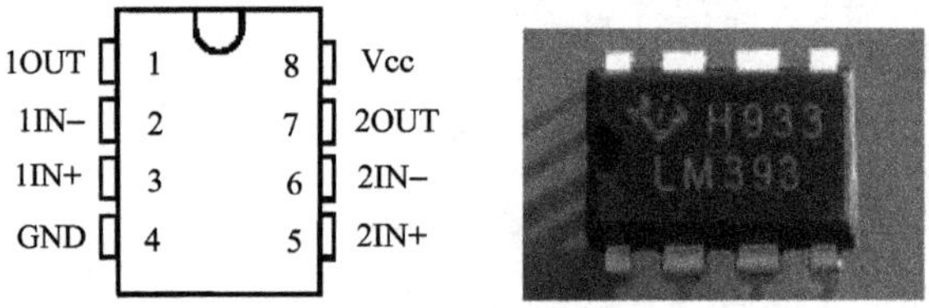

(a) 外形和封装

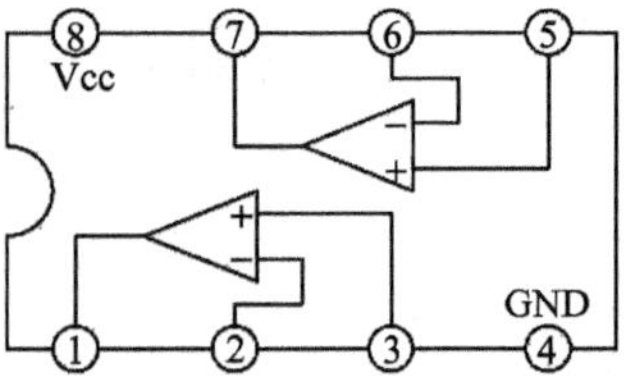

(b) 内部管脚配置图

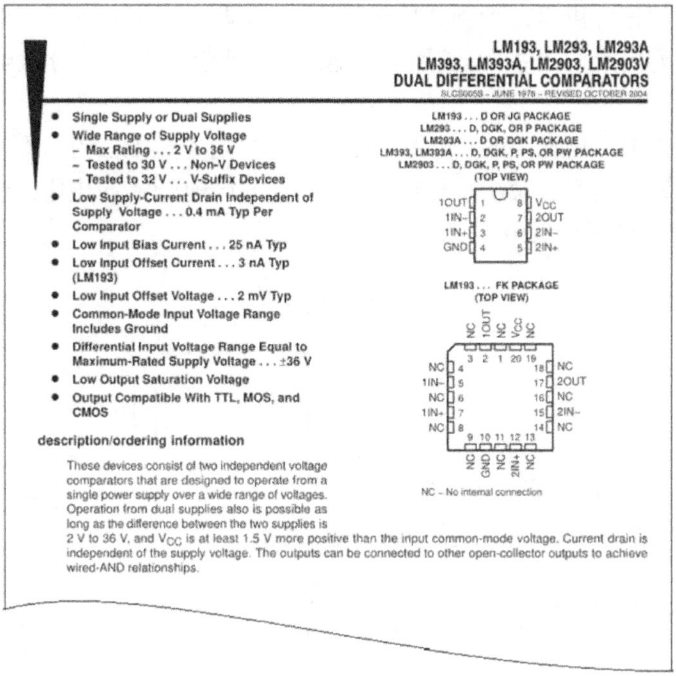

LM193, LM293, LM293A
LM393, LM393A, LM2903, LM2903V
DUAL DIFFERENTIAL COMPARATORS
SLCS005S – JUNE 1976 – REVISED OCTOBER 2004

- Single Supply or Dual Supplies
- Wide Range of Supply Voltage
  - Max Rating . . . 2 V to 36 V
  - Tested to 30 V . . . Non-V Devices
  - Tested to 32 V . . . V-Suffix Devices
- Low Supply-Current Drain Independent of Supply Voltage . . . 0.4 mA Typ Per Comparator
- Low Input Bias Current . . . 25 nA Typ
- Low Input Offset Current . . . 3 nA Typ (LM193)
- Low Input Offset Voltage . . . 2 mV Typ
- Common-Mode Input Voltage Range Includes Ground
- Differential Input Voltage Range Equal to Maximum-Rated Supply Voltage . . . ±36 V
- Low Output Saturation Voltage
- Output Compatible With TTL, MOS, and CMOS

LM193 . . . D OR JG PACKAGE
LM293 . . . D, DGK, OR P PACKAGE
LM293A . . . D OR DGK PACKAGE
LM393, LM393A . . . D, DGK, P, PS, OR PW PACKAGE
LM2903 . . . D, DGK, P, PS, OR PW PACKAGE
(TOP VIEW)

LM193 . . . FK PACKAGE
(TOP VIEW)

NC – No internal connection

description/ordering information

These devices consist of two independent voltage comparators that are designed to operate from a single power supply over a wide range of voltages. Operation from dual supplies also is possible as long as the difference between the two supplies is 2 V to 36 V, and V_{CC} is at least 1.5 V more positive than the input common-mode voltage. Current drain is independent of the supply voltage. The outputs can be connected to other open-collector outputs to achieve wired-AND relationships.

(c) LM393 数据手册首页

图 7.8　电压比较器 LM393

表 7.1　LM393 引脚对应的功能

引出端序号	符号	功能
1	1OUT	输出 1
2	1IN−	反相输入 1
3	1IN+	同相输入 1
4	GND	接地端
5	2IN+	同相输入 2
6	2IN−	反相输入 2
7	2OUT	输出 2
8	Vcc*	电源电压

* LM393 的供电电压范围是 2～36V，本书采用+5V

7.2.3　LM393 电压比较器典型电路

正确使用电压比较器，掌握电压比较器 LM393 的典型电路，要注意以下四点。

(1)给芯片正确供电：管脚 8 接电源 5V，管脚 4 接地。

(2)设置好门限电压 V_T：使用分压电路产生所需的电压，分压电路可以通过可调电位器产生。

(3)正确的输入电压 Vin：输入电压应处于供电电压范围内，即 0～5V。

(4)检测输出是否正确：输出端 Vout 需接一个电阻(上拉电阻)到 5V，输出电压应为高电平 5V 或者低电平 0V。

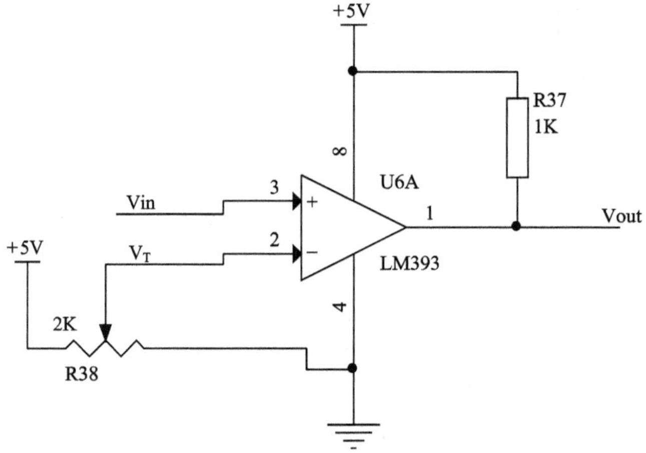

图 7.9　LM393 典型应用电路原理图

典型的 LM393 的应用电路如图 7.9 所示。其中 R38 为可调电位器，两端分别连接 5V 和地，中间抽头作为输出，便构成分压电路。通过调节电位器顶端的金属旋钮，可以改变分压值，用于门限电压 V_T 的设置。R37 属于输出端的上拉电阻，必须连接电源。图 7.10 是该电路的实物连接示意图。

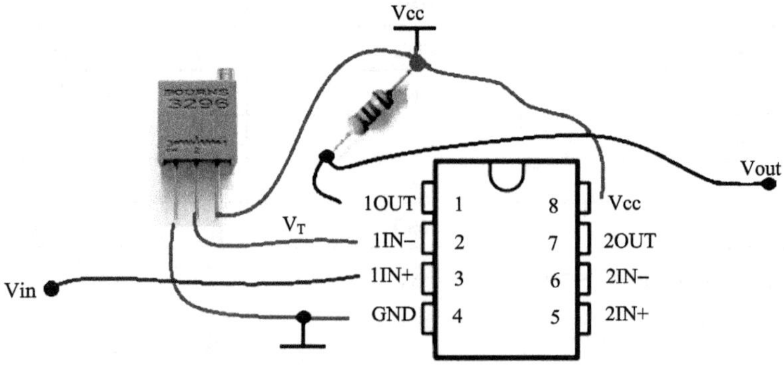

图 7.10　比较器典型电路实物连接示意图

注意实物连接与原理图中引脚号的对应关系

测试：将 V_T 调节为 2.5V，在 Vin 分别输入 0.1V 和 3V，用万用表测量 Vout 端，观察其输出电压值各为多少？再将 V_T 调节为 0.6V 进行观测。

7.3　障碍检测和报警应用电路的构成

7.2 节主要介绍了比较器 LM393 实现电压检测的典型电路。这是障碍物检测和报警电路中的关键部分。下面就可以连接红外测距传感器、比较器电路及报警灯，构成一个完整的应用电路。电路的结构框图如图 7.11 所示。图 7.12 和图 7.13 分别是电路原理图和实物连接示意图，图 7.14 是焊接的实物电路板。

图 7.11　应用电路结构框图

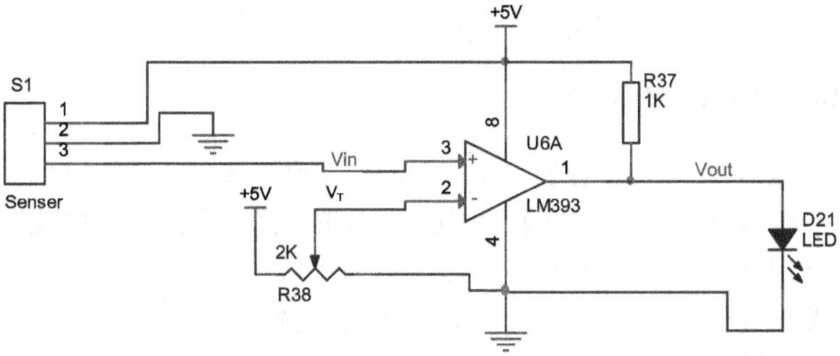

图 7.12　应用电路原理图

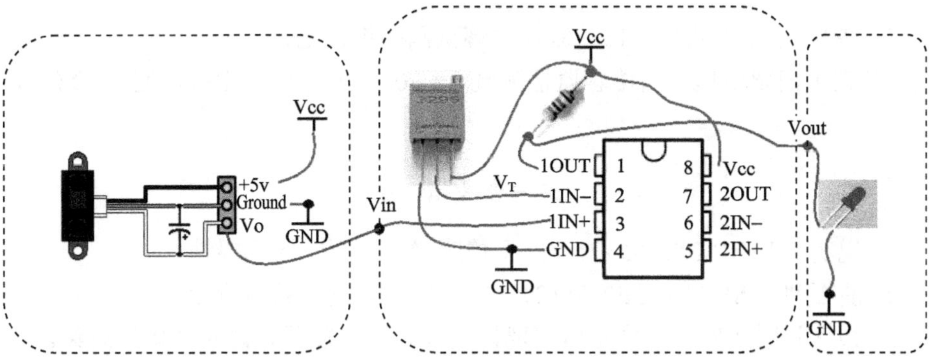

图 7.13　实物连接示意图

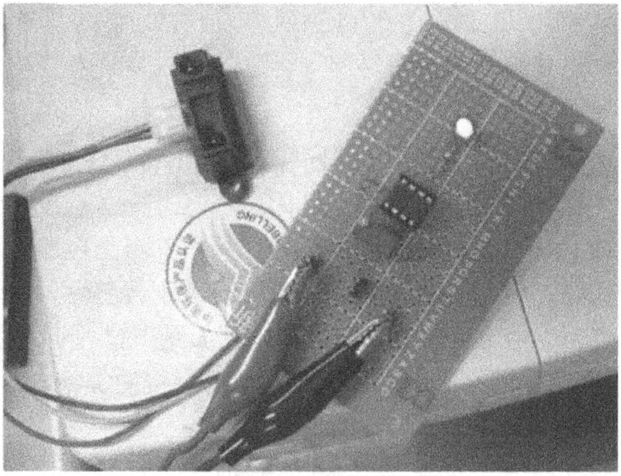

图 7.14　实物焊接图

7.4　实验内容和要求

7.4.1　红外测距传感器测距实验

正确连接红外测距传感器的电源和地，引出信号端 Vo 进行测试。

(1) 检测信号输出端 Vo 的输出电压和距离的关系(至少 10 组数据)。自制记录表格，绘制数据曲线，比较曲线与图 7.5 的差别，并作分析。

(2) 检测信号输出端 Vo 的输出电压和障碍物材料(颜色、材质)是否有关？设计方案，并作定性分析。

7.4.2　红外测距和报警电路设计

(1) 参照图 7.12 和图 7.13，制作并调试测距报警电路。

(2) 调节门限电压，当传感器检测到 0～30cm 内有障碍物时，使 LED 灯发光警示。

课后思考和作业

1. 说明 SHARP GP2Y0A21 YK 型传感器在测距时的局限性。
2. 能否利用 SHARP GP2Y0A21 YK 型传感器进行微距检测？
3. 如何利用红外测距传感器实现排队等候预警装置？说明大概的思路。

第 8 章　综合课题——简易寻迹小车设计

中国机器人大赛中“机器人旅游”项目是历来最受欢迎的竞赛项目之一。机器人旅游类竞赛项，起源于“机器人游中国”项目。由于该竞赛项目的特色与优势明显，得到学校师生广泛参与。大赛设置的比赛项目有探险游、寻宝游、越野游等。该综合课题基于机器人旅游项目进行必要的简化，要求学生根据已学知识和技能，完成一部简易的寻迹小车的设计，实现“旅游”项目中寻迹运行的基本功能。

8.1　寻迹小车的设计要求与规则

1) 设计要求

设计一部具有寻迹功能的小车，小车至少含有 2 个电机驱动器，可以控制左右轮运动；小车设有灰度传感器，可探测黑色路径；小车具有自动调整功能，可沿着既定的黑色线径运动。

2) 寻迹车场地及要求

(1) 寻迹场地如图 8.1 所示，要求小车尽快从出发点沿着黑色线径运行一圈回到原点，计时短者胜出。

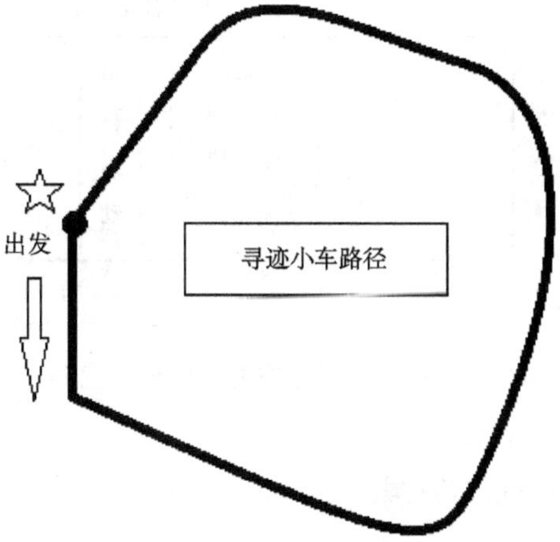

图 8.1　寻迹小车路径示意图

(2) 寻迹场地设置一定宽度的黑线，线宽 2.5cm，有直线、曲线等元素。

(3) 至少使用 2 个灰度传感器。要求设计者调整灰度传感器的间隔和前瞻，以适应寻迹要求。

3) 基本评分原则

对制作完成的寻迹小车，按如下方案进行考评。

(1) 完成基本运行功能(10 分)。

(2) 寻迹功能(直线 20 分、弯道 10 分)。

(3) 完成度(完整跑完 50 分，每人工干预 1 次扣 5 分)。

(4) 车体结构和电路焊接(10 分)。

8.2　寻迹小车设计的基本原理

8.2.1　小车基本原理概述

寻迹小车的功能和机械配件包括①小车底板；②直流电机和车轮；③电机驱动模块；④万向轮；⑤寻迹检测模块；⑥电池模块；⑦信号连接部分。

寻迹小车的基本结构示意图如图 8.2 所示。要实现小车的前进和转向，关键是实现左右两侧电机的转动控制：电机同时转动时小车前进；电机一个停止，另一个转动，则小车发生转向。要实现小车的寻迹功能，还需要用到寻迹检测模块进行黑线的检测和信号的反馈。反馈信号接入电机驱动模块的控制端，从而自动控制电机的启停状态，实现寻迹。

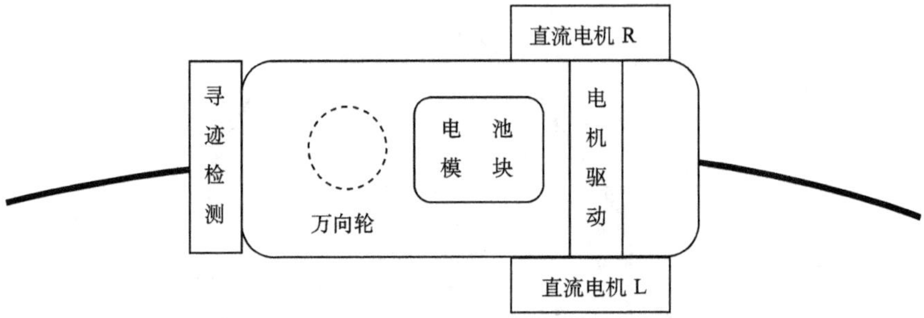

图 8.2　寻迹小车基本结构示意图

8.2.2　小车电路模块的基本方案

构建寻迹小车的基本连接方案中，用于寻迹检测的灰度传感器模块参考第 5 章的方案并进行改进，电机驱动模块可以采用基本的三极管驱动电路(图 6.9)，也可以采用 H 桥驱动电路(图 6.16)。寻迹模块的反馈信号将作用于电机驱动电路。

图 6.9 中三极管驱动电路的 Con 端口需要高、低电平作为驱动，而 5.4.4 节的测试也显示，该电路并不能达到需要的高、低电平要求，需作必要改进。

1. 改进的灰度检测电路一：利用电压比较器

在图 5.22 的基础上，对图中的输出端使用电压比较器 LM393(参见第 7 章)进行处理，可获得需要的高、低电平输出，如图 8.3 所示。

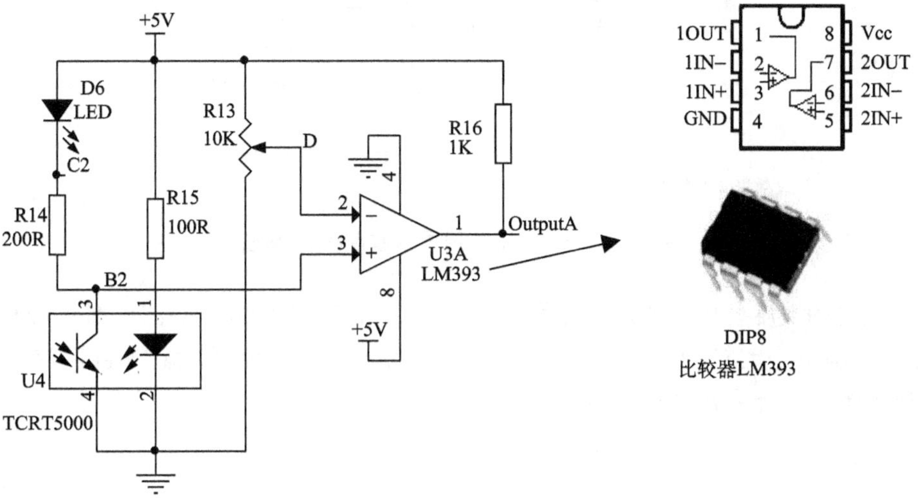

图 8.3　基于电压比较器 LM393 的 TCRT5000 灰度检测电路

原理分析：LM393 对节点 B2 和节点 D 的电压作比较。在这种接法下，当 $V_{B2}>V_D$ 时，OutputA 输出高电平(+5V)，而当 $V_{B2}<V_D$ 时，OutputA 输出低电平，这里的 V_D 为门限电压，通过可调电位器调节。由 5.4.4 节的测试显示，当接收管处于导通或不导通状态时，V_{B2} 的电压分别约在 2.6V 和 3.2V，因而，可以设置 V_D 的电压在 2.9V 左右。

值得注意的是，若将节点 B2 和节点 D 的输入端进行交换，就能获得相反的输出电平：当 $V_{B2}>V_D$ 时，OutputA 输出低电平；而当 $V_{B2}<V_D$ 时，OutputA 输出高电平。

2. 改进的灰度检测电路二：利用三极管

图 8.4 是由三极管构成的灰度传感器应用电路原理图。该图对测试电路(图 5.22)的接收支路作了修改，用 R17(1kΩ)替换 D5 和 R9。LED 指示部分由三极

管 Q2(型号 S9013 或 S8050)和 R19、D7 构成。输出信号 OutputB 用于信号反馈。

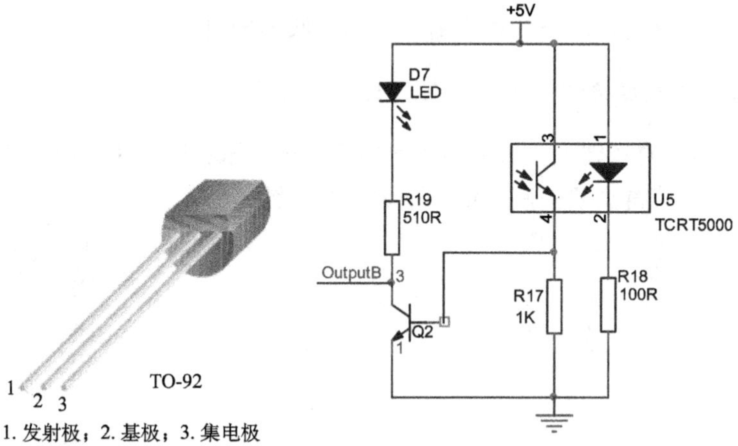

图 8.4　TCRT5000 应用电路原理图(三极管)

改进的灰度传感器的反馈信号 OutputA(图 8.3)或 OutputB(图 8.4)，应与图 8.5 中的驱动电路控制端连接，形成信号的反馈与电机的控制。虽然接口简单，但实际的情况可能还需仔细分析。

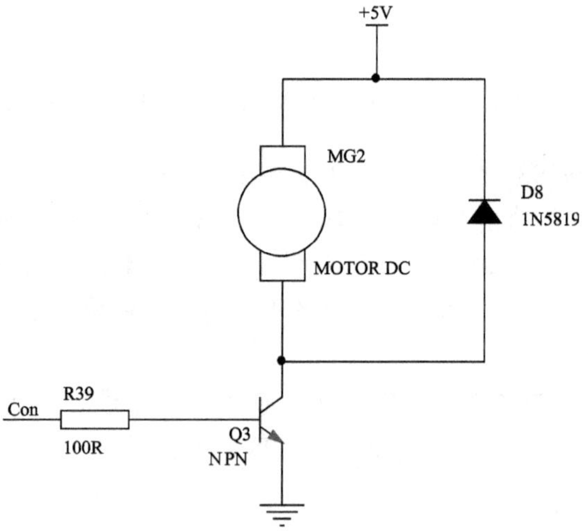

图 8.5　直流电机的三极管驱动电路

8.2.3　需要再次确认的细节

小车进一步构建时需要确认的细节有电机驱动的信号要求、传感器的反馈状态、传感器的摆放位置和传感器信号反馈的具体电机。

1) 电机驱动的信号要求

最明确的是电机驱动的信号要求，根据图 8.5，信号端 Con 为高电平时电机运转，低电平时电机停止。

2) 传感器的反馈状态

从图 8.3 中 OutputA 端来看，传感器检测到黑线时，红外线反射较弱，$V_{B2}>V_D$，OutputA 为高电平；检测到白色底板时，$V_{B2}<V_D$，OutputA 则为低电平(同相比较电路)。若比较信号输入端反接，也可获得相反的逻辑（反相比较电路)。

从图 8.4 的 OutputB 端来看，传感器检测到黑线时，接收管截止，Q2 截止，则 OutputB 为高电平输出；检测到白色底板时，OutputB 则为低电平。

3) 传感器的摆放位置

参考图 8.6，传感器可以相对紧密排放，使两个传感器都能探测到黑线，或者相对宽松排放，使黑线位于两个传感器之间。

4) 传感器摆放与信号的连接

那么问题来了，以比较器 LM393 方案(图 8.3)为例，假设制作了两个灰度传感器 S1、S2 和电机驱动模块 M1 和 M2，摆放位置如图 8.6 所示，S1 的输出信号应该怎样选择(OutputA 取同相比较逻辑还是反相比较逻辑)？并且 S1、S2 和 M1、M2 是同侧驱动还是异侧驱动？

图 8.6 给出了相应的驱动参考方案，图 8.6(a) 中两个传感器排布于黑色线径两侧，传感器反馈给电机的方案采用同侧驱动，则遇白底时电机应运转，遇黑线应停转；图 8.6(b) 中两个传感器紧密排布在黑色线径内，异侧驱动，则遇白底时电机应停转，遇黑线应运转。

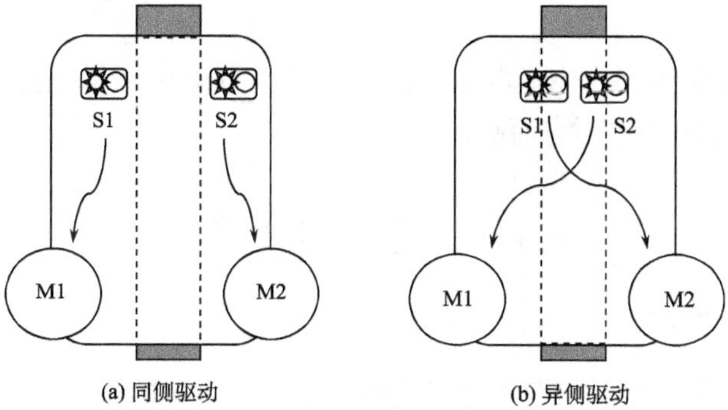

图 8.6　寻迹小车传感器示意图

具体的设计需要读者自行分析。小车调试时，需注意调整传感器的摆放位置，适当增加前瞻有利于提高反应灵敏度，也要注意传感器的离地高度。

8.3　电源和动力

小车运行的动力不能是笨重的稳压电压源，必须是“车载”的独立电源。可以使用 4 节干电池，此时输出电压大约是 6V。在电池的电源输出端，可再接一个开关，并串联二极管，形成单向保护。也可以使用充电宝提供 5V 输出，构成电源，如图 8.7 所示。

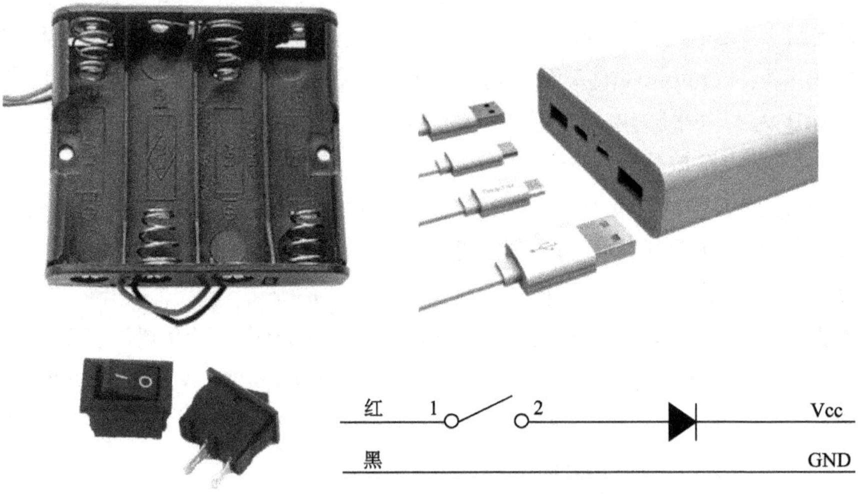

图 8.7　独立供电电源的形式和连接电路

8.4　小 车 预 览

图 8.8 是某学生制作完成的小车图，可以作为设计参考。虽然看上去有点简陋，但 DIY 成功的乐趣不言而喻。

8.5　实验内容和要求

8.5.1　寻迹小车设计

根据本章内容，2 人一组，每组完成一套小车方案的设计。

(1)按要求焊接电机驱动电路，并调试。每组至少 2 块。

(2)搭建小车车体，定位并安装好电机和万向轮。

(a)运行时的视频截图　　(b)小车底部焊接参考图

图 8.8　手工制作的驱动小车

(3)焊接灰度传感器模块，并调整传感器宽度和高度，适应路径检测。

(4)记录运行测试情况并作分析。

8.5.2　提高要求*

有基础的学生可以利用 555 定时器或单片机设计电机调速模块。

课后思考和作业

1. 使用 2 个传感器的主要优缺点是什么？如果有可能，是否需要使用更多的传感器？

2. 如何选择传感器的驱动信号？

3. 传感器的摆放位置是否会影响小车运行效果？如何摆放最合适？

第 9 章　综合课题——导盲避障游戏设计

中国是世界上盲人数量最多的国家之一，给予盲人更多关爱是社会应有的责任。本课题来源于全国大学生光电设计大赛，课题设计进行必要的提炼和简化，将引导学生利用所学知识，构建一个简易的导盲避障装置，完成导盲避障游戏。在导盲游戏实验中，要求设计者佩戴眼罩和自制的导盲装置，通过设置的障碍通道，体验盲人的活动。通过该游戏的实践过程，不仅提高学生实际的设计应用能力，也进一步增强学生的社会责任感。

9.1　导盲避障游戏要求与规则

1) 基本要求

关爱盲人是一种社会责任(图 9.1)，课题要求设计一套导盲光电器械，固定在每个组参赛队员身上，引导每个队员依次通过一个放置平板障碍的直通道，使累计时间最短，图 9.2 为场景示意图。

图 9.1　关爱盲人

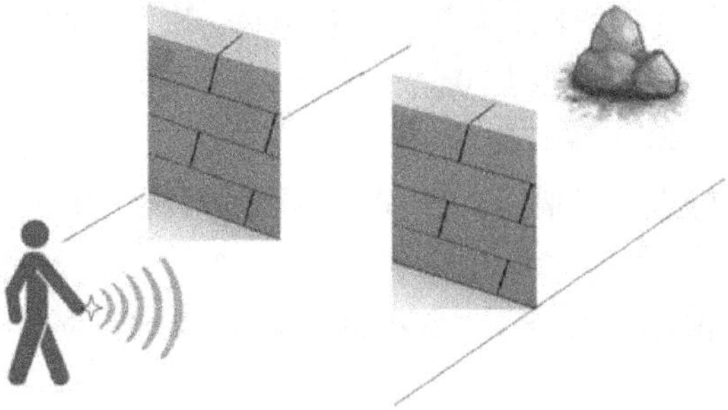

图 9.2　导盲装置的应用场景示意图

2) 游戏条件

导盲游戏的现场布置如图 9.3 所示。

(1) 导盲通道为直通道，有条件的可以设置弯道，道长 10～20m、宽约 2.5m。

(2) 通道内随机竖直放置多块 1.2m×2.4m 的 KT 板作为平板障碍。

(3) 平板障碍及过道内壁样式随机。

(4) 每组队员应使用眼罩蒙住双眼，仿效盲人行走。

图 9.3　导盲场景

3) 游戏规则

(1) 每名队员在起始区由队员辅助佩戴好导盲装置，可同时使用不多于 2 个导盲装置。导盲装置可以佩戴在手臂、腿部、腰部等位置，也可手持。队员佩戴好遮眼罩，出发后计时开始，到达终点计时结束。

(2) 队员通过通道时，每碰触障碍或通道内壁一次，判罚延长该队员通过时间。轻触碰判罚 5s，较严重触碰判罚 10s。

(3) 导盲装置应遇障有提示音。

(4) 每组队员做好视频录制、计时和现场素材采集工作。

4) 评分原则

(1) 导盲装置的设计和制作，主要考查组装结构、焊接工艺和避障器功能等。(30 分)

(2) 将每个队员的最终成绩进行归一化，约 15%优秀(A)、35%良好(B)、40%中等及以下(C)，未完成者不合格。(70 分)

(3) 实验考核总分为制作分和通过时间归一化分的总和。

5) 现场场景展示图

导盲游戏的测试现场如图 9.4 所示。

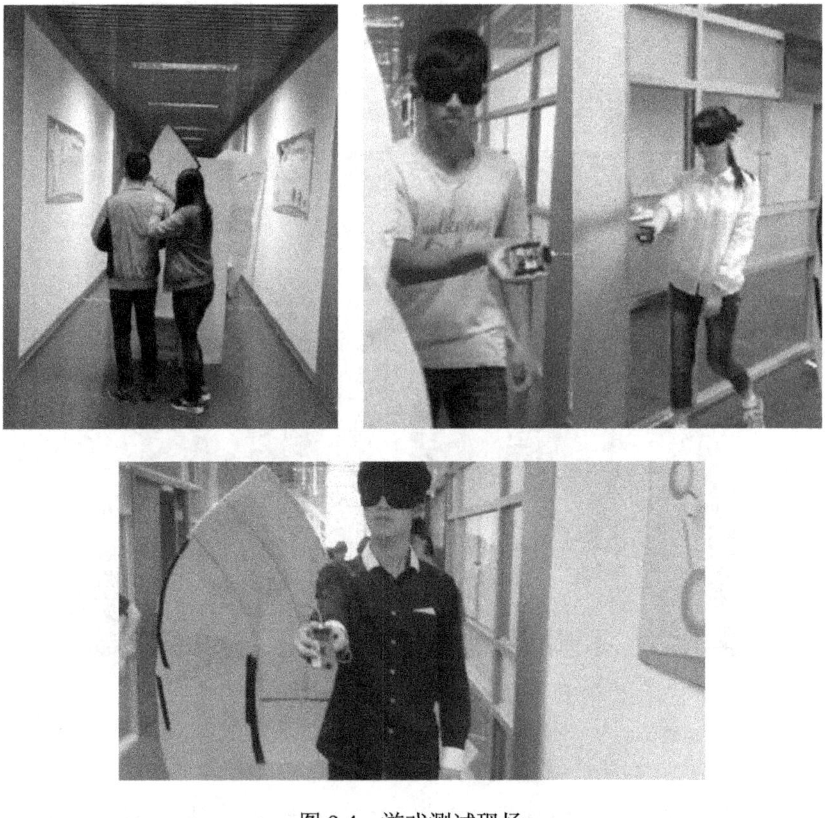

图 9.4　游戏测试现场

9.2　设 计 原 理

9.2.1　红外测距传感器特性概述

SHARP 红外测距传感器 GP2Y0A21YK 的测距原理详见第 7 章，要求 5V 供电，最大不超过 5.5V，其有效测距范围 10～80cm，模拟电压输出。其接口图如图 9.5 所示。

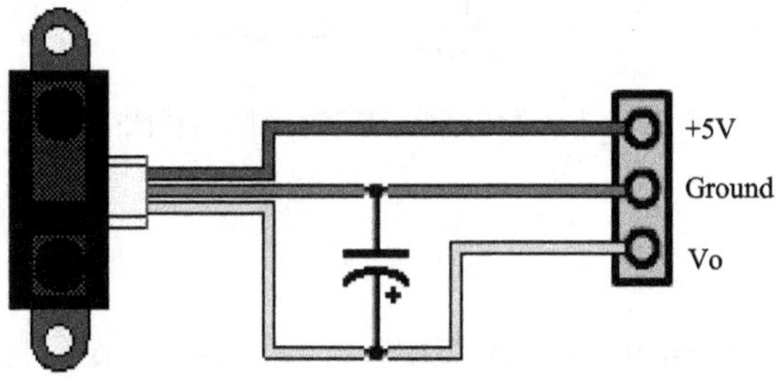

图 9.5　SHARP 红外测距传感器接口图

9.2.2　避障电路功能和原理分析

1. 功能分析

避障电路在功能上主要实现的是测距、报警的功能，因此其测距电路可以沿用第 7 章的方案；避障装置需具备声音报警功能，因此需要使用蜂鸣器。另外仍需一个独立的电源装置进行供电。

2. 设计原理

避障装置的设计在红外测距实验的基础上，根据红外传感器的测距距离和电压关系，设定门限，并增加声音报警功能。如图 9.6 所示，S2 为 SHARP 红外测距传感器，U7 为比较器 LM393，LS3 为蜂鸣器。图 9.7 是其实物连接示意图。

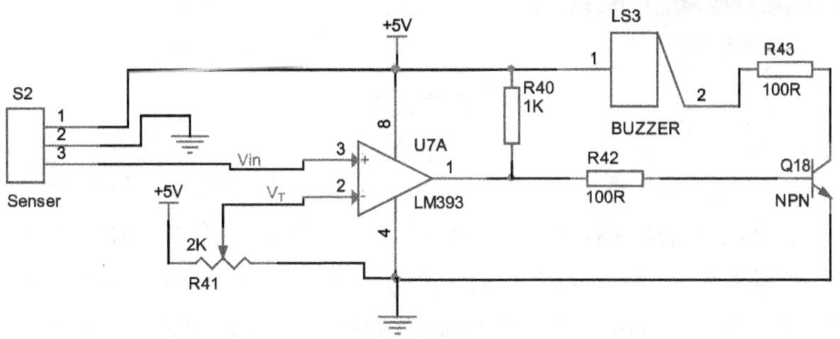

图 9.6　避障装置的电路原理图

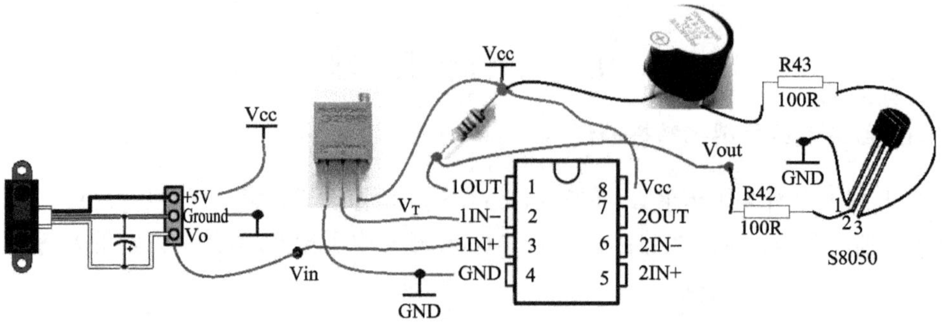

图 9.7　避障装置的实物连接示意图

3. 选择电源

独立电源可以使用充电宝的 5V 输出，也可使用 3 节干电池进行供电。如果使用 4 节干电池，则需串联 1～2 个二极管，以保证输出的电源电压不高于 5.5V（可参考第 8 章）。

使用充电宝时，需通过 USB 连接线和 USB 端口，实现 5V 电压的输出。注意判别 USB 插座中的电源和地的引出线，如图 9.8 所示。

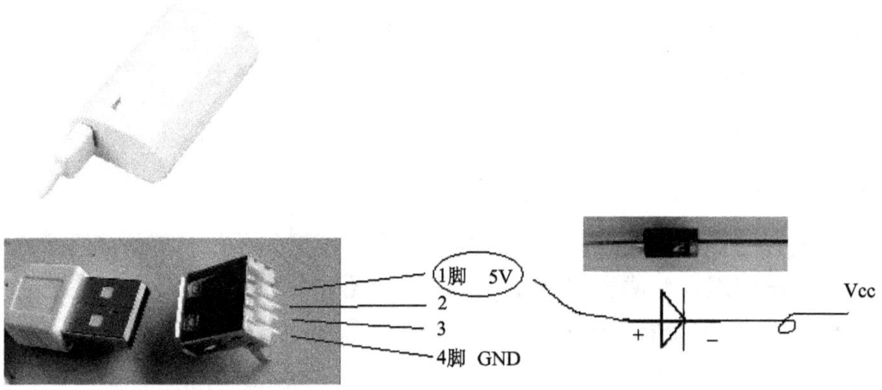

充电宝电源输出

图 9.8　便携式电源部分

图 9.6 中，当检测距离小于设定值时，传感器 S2 输出端 Vo 电压将大于门限电压 V_T，比较器 U7 输出端产生高电平，该电平驱动三极管 Q18，使 Q18 导通，蜂鸣器发出“嘀”警报声。否则，Q18 关断，蜂鸣器不发声。图 9.8 是便携式电源部分，利用充电宝与 USB 口作为独立电源输出，USB 座子的 1 脚为电源脚，串联二极管 1N5819 后输出。

9.3　实验内容和要求

电路设计，4 人一组，每组设计和焊接 2 块避障模块。

(1) 正确连接电路原理图，并焊接。根据第 7 章中测得的“电压–距离”特性曲线，设置门限值，使检测距离尽量远。

(2) 调试避障装置。根据游戏规则，设计并递交本组避障方案，方案应包括预采取的策略和装置设定位置示意图等。

(3) 按照游戏规则进行实验，并记录测试过程和结果。

课后思考和作业

1. 有什么方法可以保证电源输出电压不超过 5.5V？
2. 在导盲游戏过程中，该装置应该如何改进更有利于游戏的进行？
3. 指出实际生活中该导盲装置的局限性，并提出改进方案。

附录 A　电子信息类专业主要创新创业竞赛

A.1　全国大学生电子设计竞赛

1. 比赛简介

全国大学生电子设计竞赛是教育部倡导的大学生学科竞赛之一，是面向大学生的群众性科技活动，目的在于推动高等学校信息与电子类学科课程体系和课程内容的改革，有助于高等学校实施素质教育，培养大学生的实践创新意识与基本能力、团队协作的人文精神和理论联系实际的学风；有助于学生工程实践素质的培养、提高学生针对实际问题进行电子设计制作的能力；有助于吸引、鼓励广大青年学生踊跃参加课外科技活动，为优秀人才的脱颖而出创造条件。全国大学生电子设计竞赛组委会统一指导全国范围内的高校大学生电子设计竞赛，是电类专业技术水平最高、最具权威的学科竞赛之一。全国大学生电子设计竞赛从 1997 年开始每两年举办一届，竞赛时间定于竞赛举办年度的 9 月份，赛期四天三夜。

2. 比赛内容

竞赛以电子电路(含模拟和数字电路)应用设计为主要内容，可以涉及模-数混合电路、单片机、可编程器件、EDA 软件工具的应用。竞赛内容既有理论设计，又有实际制作，以全面检验和加强参赛学生的理论基础和实践创新能力。竞赛的特色是与理论联系实际学风建设紧密结合。

3. 比赛规则

参赛对象：每支参赛队由三名学生组成，具有正式学籍的全日制在校本、专科生均有资格报名参赛。

竞赛周期：全国大学生电子设计竞赛每逢单数年的 9 月份举办，赛期四天三夜。一般为开赛第一天早上 8 点至第四天晚上 20 点结束，并封存作品。在双数的非竞赛年份，由全国竞赛组委会和有关赛区组织开展区域专题性竞赛。

竞赛方式：竞赛采用全国统一命题、分赛区组织的方式，竞赛采用“半封闭、相对集中”的组织方式进行。

竞赛题目：全国竞赛采用两套题目，即本科生组题目和高职高专学生组题目，参赛的本科生只能选本科生组题目。

4. 作品评审

采用“校为基础、一次竞赛、二级评奖”的方式，分赛区和全国两级评审。全国分组设立一、二等奖。本科生组和高职高专学生组获奖队数量分别不超过当年实际参赛队的 8%。

(1) 作品评审统一在规定 24 小时内送至省赛区承办学校封存，专家组现场测评。

(2) 专家组对测评成绩较好的作品留存。

(3) 对可能进入全国测评的参赛队伍进行封闭测试，时间为早上 8 点至下午 3 点。

(4) 全国组委会对封闭测试统一处理，并确定参加全国测评的最终队伍名单。

(5) 进入全国测评的队伍携带作品在规定时间内至全国测评承办学校进行最终测评。

(6) 公布测评结果和获奖名单。

5. 竞赛网址

全国大学生电子设计竞赛 LOGO(附图 A.1)。

附图 A. 1　全国大学生电子设计竞赛 LOGO

全国大学生电子设计竞赛江苏省赛区网站：http://jsedu.eefocus.com (附图 A.2)。

附图 A. 2　江苏省赛区网站

A.2　全国大学生智能汽车竞赛

1. 比赛简介

全国大学生智能汽车竞赛是以智能汽车为研究对象的创意性科技竞赛，是教育部倡导的大学生科技竞赛之一。竞赛以“立足培养，重在参与，鼓励探索，追求卓越”为指导思想，培养大学生综合知识运用能力、工程实践能力和创新意识，激发大学生从事科学研究与探索的兴趣和潜能，贯彻“政府倡导、专家主办、学生主体、社会参与”的 16 字方针，充分调动各方面参与的积极性。

2. 比赛内容

竞赛以竞速赛为基本竞赛形式，融科学性、趣味性和观赏性为一体，分为竞速赛和创意赛两大部分。竞速赛必须先参加各赛区竞赛，根据名次按比例进入全国总决赛。创意赛由专家组评审后直接参加全国总决赛。

竞赛是涵盖自动控制、电子信息、传感技术、模式识别、机械与汽车等多学科专业的创意性比赛。竞赛过程包括理论设计、实际制作、整车调试、现场比赛等环节，要求学生团队合作，协同工作，初步体会工程性研究开发项目从设计到实现的全过程。

3. 比赛规则

参赛对象：每支竞速赛参赛队由 1～2 名指导教师和 3～4 名学生组成。创意组一般由不超过 5 名学生组成。其中学生为具有正式学籍的全日制在校本专科生。

竞赛周期：全国大学生智能汽车竞赛的分/省赛区预赛和全国总决赛一般安排在每年暑假期间。

(1) 12 月份公布下一届竞赛规则，组织网上报名。

(2) 次年 4 月份组织网络研讨会。

(3) 6 月份完成竞赛报名工作。

(4) 7 月份各分赛区进行赛区比赛(竞速赛)。8 月初确定全国总决赛名额。

(5) 8 月份进行全国总决赛(竞速赛+创意赛)，同时决定下一年度的总决赛承办单位。

4. 作品评审

为保证竞赛公平，竞赛在规定范围内的标准软硬件技术平台上开展。每届竞赛由竞赛秘书处统一公布本届竞赛的形式、规则与技术数据。智能汽车竞赛竞速赛分为光电组、摄像头组、电磁组，从第十一届开始又增加了电轨组、信标组等不同的组别。

竞速赛一般分为三个阶段：Day1，试车；Day2，预赛；Day3，决赛。分赛区可以设立赛区一等奖、二等奖、三等奖及优胜奖等各类奖项；选拔本赛区竞速赛进入全国总决赛的竞赛队伍。

全国组委会根据当年报名参赛的队伍总数，按照一定比例确定各分赛区进入全国总决赛的队伍名额。全国总决赛竞速赛设一等奖、二等奖；其他奖项由每届全国竞赛组委会视具体情况确定。

5. 竞赛历史

全国大学生智能汽车竞赛，是在教育部的领导和交办下，由教育部高等学校自动化类专业教学指导委员会(简称自动化教指委)和原飞思卡尔(中国)公司承办的。2005 年 11 月，教育部、自动化教指委和原飞思卡尔公司在北京联合举办首届比赛新闻发布会，教育部原副部长吴启迪、自动化教指委原主任吴澄院士及合作公司高层领导出席。2006 年 7 月，首届比赛采用邀请赛方式，以竞速赛为基本规则，在清华大学综合体育馆成功举办，影响力波及全国各地。2006 年下半年，第二届比赛即决定采用自由报名方式，分东北、华北、华东、华中和西部五大分赛区进行，总决赛由上海交通大学承办。第三届到第十一届，比赛形式始终以竞速赛为基准，在传感器种类、核心器件选择、赛道组成单元和形式等方面不断创新，吸引大学生不断挑战新难度；竞赛还增加了创意赛、技术方案赛等赛项，以容纳更多的创意和交流。安徽、山东和浙江三个省也先后得到省教育厅的支持，在合肥工业大学、山东大学和杭州电子科技大学分别成立省赛区的秘书处，在全省范围内组织推广智能汽车竞赛。2015 年，原飞思卡尔公司与恩智浦公司完成并购，竞赛更名为全国大学生“恩智浦杯”智能汽车竞赛。

6. 竞赛网址

竞赛网址：http://www.smartcar.au.tsinghua.edu.cn（附图 A.3）。竞赛现场如附图 A.4 所示。

附图 A. 3　智能汽车竞赛网站

附图 A. 4　智能汽车竞赛现场

A.3　中国机器人大赛

1. 比赛简介

中国机器人大赛暨 RoboCup 中国公开赛由中国自动化学会机器人竞赛工作委员会、RoboCup 中国委员会、科技部高技术研究发展中心主办，是中国最具影响力、最权威的机器人技术大赛、学术大会和展览，成为当今中国，乃至亚洲机器人尖端技术产业竞赛和国际顶尖人才汇集的活动之一。

该项赛事从 1999 年开始到 2015 年，一共举办了 17 届。从 2016 年开始，根据中国自动化学会对机器人竞赛管理工作的要求，原中国机器人大赛暨 RoboCup 中国公开赛中 RoboCup 比赛项目和 RoboCup 青少年比赛项目合并在一起，举办 RoboCup 机器人世界杯中国赛(RoboCup China Open)。原中国机器人大赛暨 RoboCup 中国公开赛中非 RoboCup 项目继续举办中国机器人大赛。

2. 比赛内容和概况

根据 2016 年 1 月的中国自动化学会机器人竞赛工作会议精神，中国自动化学会机器人竞赛与培训部已经开展了中国机器人大赛项目的审查工作，对原有的 15 个大项 79 个子项目逐一进行了审查。根据审查结果，将项目设置调整为 18 个大项 37 个子项目。在将原有的子项目进行充分合并的基础上，邀请国内多所知名高校，设置了空中机器人、无人水面舰艇、救援机器人等多项符合机器人发展热点和难点的比赛项目。经过项目调整，中国机器人大赛的整体水平得到了进一步提升，项目设置更加合理，技术难度涵盖不同层次，对参赛队的锻炼和评比作用更加明显。

竞赛项目包括机器人旅游、篮球机器人、FIFA 小型组、服务机器人、武术擂台赛、舞蹈机器人、工程类机器人、竞技类机器人、助老服务机器人、水中机器人、水下机器人、空中机器人、先进视觉机器人等。中国机器人大赛“机器人旅游”项目是历来最受欢迎的竞赛项目之一，机器人旅游类竞赛项目，起源于 2003 年的“机器人游北京”及随后的“机器人游江苏”“机器人游中国”。大赛设置的比赛项目有探险游、寻宝游、越野游等，场地图如附图 A.5 和附图 A.6 所示。

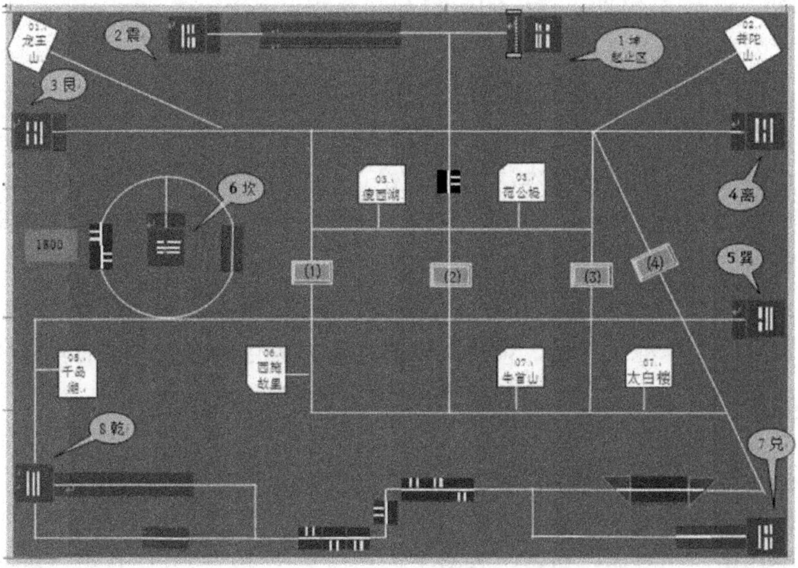

附图 A. 5　探险和寻宝游场地

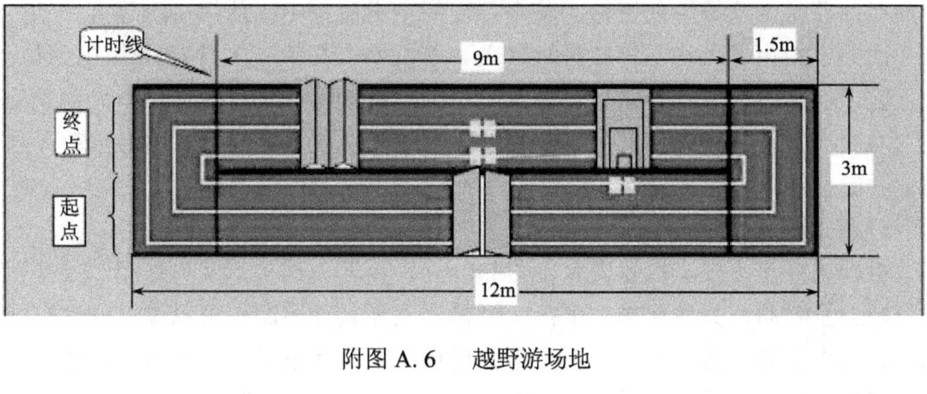

附图 A. 6　越野游场地

3. 比赛规则(以机器人旅游项目为例)

参赛对象：研制机器人的高校在校学生(本科生、专科生)。

机器人姓名：要求给每台机器人取一个姓名，用于报名、登记、标示、识别。姓名长度 2～7 个汉字，2 个字母/数字算一个汉字。

参赛队及名称：一台机器人及相关的老师学生为一个参赛队，队名即机器人姓名，不必另起参赛队名称。学校/院系名称不一定要体现在队名中。

领队老师、指导老师、教练/研制人：应明确每台机器人对应的领队老师、指导老师和研制人(教练即机器人的研制人)。

1) 探险游

(1) 机器人出发后，遇到计时感应线时，开始计时。机器人返回起止区，遇到计时传感器感应线时，停止计时。自裁判移开“禁行板”后，机器人在 10s 内不能从起止区出发，则取消其本次比赛资格。

(2) 规定的旅游时间到，机器人尚未回到起止区时，立即停止比赛。此前的累计得分有效。

(3) 比赛中由于①机器人投影完全脱离引导线；②掉落桥下和平台外；③机器人冲撞设施；④卡死或死机，影响比赛继续正常进行的，机器人的教练和裁判都有权立即停止本次旅游，此前的累计得分和计时均有效。

2) 寻宝游

每轮比赛的每一次出游，机器人必须先去网咖平台展现部分功能，获得资格分，不能获得资格分的机器人，不得继续比赛流程。第一次寻宝完毕，回到起止区，在禁行板前等候赛场复位。复位工作完成后，裁判移开禁行板，机器人自动开始第二次寻宝。第二次寻宝时，宝物位置与第一次相同。但仍然需要去网咖平台展现，获得本次旅游的资格。整个寻宝的正常流程中，从第一次寻宝开始，到第二次寻宝结束，人均不得接触机器人。若机器人在第一次寻宝时无法正常返回起止区，由其教练取回并复位，放回起止区，裁判移开禁行板，机器人自动启动第二次旅游，不得做任何其他调整机器人的动作。机器人在第二次寻宝时无法正常返回起止区，本轮比赛结束。

3) 越野游

机器人重量不限。机器人宽度≤350mm。机器人结构形式与外观，要能适应越野场地及障碍，具体要求如下：Ⅰ型机器人无具体限制，可以像一辆汽车或坦克等。Ⅱ型机器人像一个人站在汽车或滑板车上检阅巡游，肩膀转动轴心到地面的高度≥机器人承重轮前后最大轴距的 2 倍；有可以分别独立运动的左右手臂，有可以独立运动的头。Ⅲ型机器人像一个人脚上穿着旱冰鞋或轮滑鞋，鞋上的轮子数量不限；两腿间距≥5mm，肩膀转动轴心到地面的高度≥机器人脚上旱冰鞋承重轮前后最大轴距的 2 倍；腿长≥机器人脚上旱冰鞋承重轮前后最大轴距；有可以分别独立运动的左右手臂，有可以独立运动的头。机器人不得伤害人，不得损坏场地与设施。在每组比赛点名前为机器人充足电。点名检录后，不得充电。采用电子计时器或秒表计时。机器人出发，开始计时；跑完赛程，回到出发位置的“起止黑线”时，停止计时。成绩为每一轮 3 次越野时间累加，用时少者胜。未成功到达终点的，计 1000s，每成功越过一个障碍减 100s。到达终点但未成功停车的，加 100s。

排序：I 型机器人，用实际时间成绩参加总排序；II 型机器人，用成绩×0.9 参加总排序；III型机器人，用成绩×0.8 参加总排序。

特殊情况处理：①机器人投影明显全部脱离引导线时，中止其本次比赛；②如机器人之间发生严重碰撞，严重影响比赛的，中止责任方的本次比赛，无过错方可重新开始本场比赛(也可以放在最后一组)。

4. 竞赛网址

(1) 中国机器人大赛网址：http://www.rcccaa.org(附图 A.7)。

附图 A. 7　中国机器人大赛网站

(2) 江苏省大学生机器人大赛网址：http://www.jsrobotmatch.com(附图 A.8)。

附图 A. 8　江苏省大学生机器人大赛网站

A.4　国际大学生 iCAN 创新创业大赛

1. 比赛简介

iCAN 创新创业大赛(International Contest of Innovation，简称 iCAN 大赛)暨中国选拔赛(原美新杯中国 MEMS 传感器应用大赛)，是由国际 iCAN 联盟、教育部创新方法教学指导分委员会和全球华人微纳米分子系统学会联合主办，北京大学承办的面向大学生创新创业的年度竞赛，是教育部质量工程支持项目之一。iCAN 大赛始于 2007 年，秉承“自信、坚持、梦想”的精神，倡导科技创新创业服务社会、改善人类生活，引导和激励高校学生勇于创新，发现和培养一批有作为、有潜力的优秀青年创新创业人才，促进和加强以物联网、智能硬件等为代表的高科技领域的产学研结合，推动高科技产业的发展，为高科技创新创业搭建国际交流平台。附图 A.9 为 iCAN 大赛参赛现场。

2. 比赛规则

(1) 全日制高校在校生(含本科生、专科生、硕士研究生、博士研究生)，以团队形式参赛，每个团队 2～5 名队员，可以跨赛区和学校组队。

(2) 参赛选手可通过采用大赛提供的微纳米器件(非必须，可使用自己的器件)，制作可以演示和操作的创新应用系统为有效参赛作品，参赛作品务必是学生原创，谢绝任何形式的导师课题参赛。

附图 A. 9　iCAN 大赛参赛现场

(3) 参赛队伍制作出能实现基本功能的实物作品，并撰写详细的作品说明 Word 文档、比赛现场答辩所需的 PPT 文档等。

3. 作品评审

(1) 采用递进式评审形式，包括分赛区选拔、全国网上初评、复活赛、全国现场总决赛、国际总决赛等环节。

(2) 比赛以应用创新为主要考察目标和评审原则，在现场评审和网上匿名评审环节均按照 100 分进行评审，即每支队伍的作品按照产品介绍(20 分)、创新性(30 分)、实用性(30 分)和技术方案(20 分)进行打分。

产品介绍(20 分)：答辩表述清晰、突出产品特点、形式易于大众接受。

创新性(30 分)：作品设计思路新颖、视角独特、有一定的实用价值。

实用性(30 分)：作品面对的对象明确、有市场前景。

技术方案(20 分)：实现方案简单明确、具有一定的技术含量。

4. 竞赛网址

iCAN 大赛网站：http://china.ican-contest.org（附图 A.10）。

附图 A. 10　iCAN 大赛网站

A.5　全国软件和信息技术专业人才大赛

1. 比赛介绍

为贯彻落实《国家中长期教育改革和发展规划纲要(2010～2020年)》和《国务院关于印发进一步鼓励软件产业和集成电路产业发展若干政策的通知》有关精神，继续加快高等院校计算机、软件及电子专业教学创新与改革，提高学生自主创新意识和工程实践能力，促进高校计算机、软件及电子专业就业指导工作，工业和信息化部人才交流中心决定举办第八届蓝桥杯全国软件和信息技术专业人才大赛。

2. 比赛规则

(1) Java 软件开发：具有正式全日制学籍并且符合相关科目报名要求的研究生、本科生及高职高专学生(以报名时状态为准)，以个人为单位进行比赛。该专业方向设大学 A 组、大学 B 组、大学 C 组。

说明：985 工程和 211 工程院校本科生只能报大学 A 组，所有院校研究生只能报大学 A 组，其他院校本科生可自行选择报大学 A 组或大学 B 组，高职高专院校学生可报大学 C 组或自行选择报任意组别。

(2) C/C++程序设计：具有正式全日制学籍并且符合相关科目报名要求的研究生、本科生及高职高专学生(以报名时状态为准)，以个人为单位进行比赛。该专业方向设大学 A 组、大学 B 组、大学 C 组。

说明：985 工程和 211 工程院校本科生只能报大学 A 组，所有院校研究生只能报大学 A 组，其他院校本科生可自行选择报大学 A 组或大学 B 组，高职高专院校学生可报大学 C 组或自行选择报任意组别。

(3) 嵌入式设计与开发：具有正式学籍的在校全日制研究生、本科生及高职高专学生(以报名时状态为准)，以个人为单位进行比赛。该专业方向设大学组。

(4) 单片机设计与开发：具有正式学籍的在校全日制本科生及高职高专学生(以报名时状态为准)，以个人为单位进行比赛。该专业方向设大学组。

3. 作品评审

(1) 参赛选手奖 。省赛每个组别设置一、二、三等奖，比例分别为 10%、20%、30%，总比例为实际参赛人数的 60%，零分卷不得奖。省赛一等奖选手获得直接进入全国总决赛资格。所有获奖选手均可获得由工业和信息化部人才交流中心及大赛组委会联合颁发的获奖证书。

(2) 指导教师奖。省赛中获奖的参赛选手的指导教师将获得“蓝桥杯全国软件和信息技术专业人才大赛(XX 赛区)优秀指导教师”称号。

4. 竞赛网站

全国软件和信息技术专业人才大赛网址：http://dasai.lanqiao.cn/dasai/index.html(附图 A.11)。

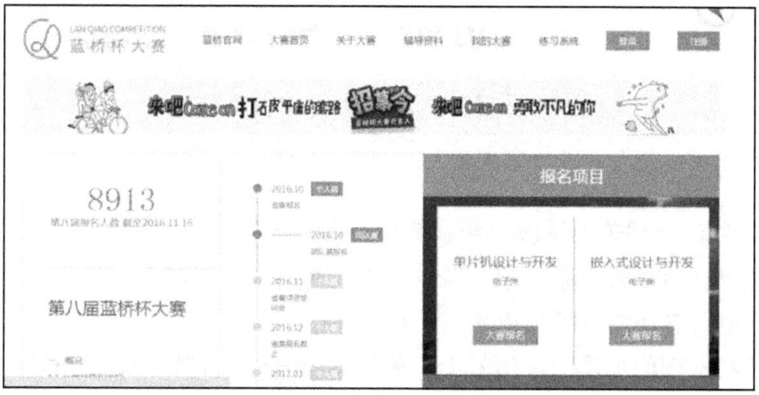

附图 A. 11　全国软件和信息技术专业人才大赛网站

附录 B　常熟理工学院校内电子设计竞赛试题

B.1　2013 年决赛试题

2013 模电 A 组题（一年级）

题目：一阶阻容网络特性测试

比赛时间：3 小时　　总分：100 分

基本要求：（相关测试波形和数据计算写在试题反面）

1. 选择合适电容电阻搭建一阶 RC 串联网络，如附图 B.1 所示，时间常数为 1～6ms，给出选择的电阻和电容值。（10 分）

2. 在输入端施加矩形波信号 U_i，幅度为 0～5V，调节合适的频率，用示波器观察输出端的信号 U_o，使示波器能够明显观察到充放电曲线的变化，并描绘充放电曲线。（20 分）

3. 利用示波器测量充放电时间常数，并比较与标称计算值的误差，分析可能产生误差的原因。（20 分）

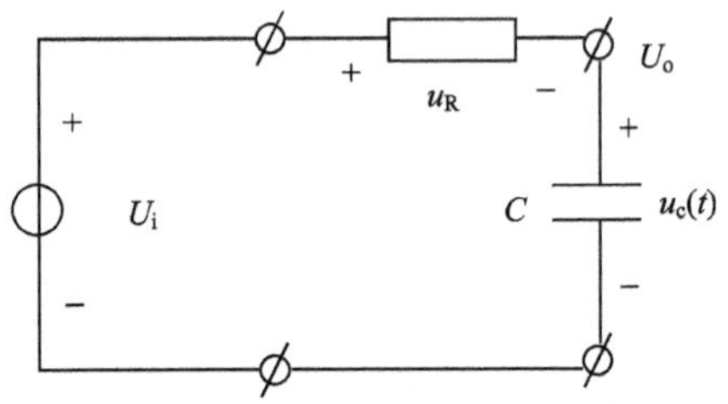

附图 B.1　一阶 RC 串联网络

提高要求：

1. 重新调节 U_i，使其为频率 2kHz、有效值 2V 的正弦波，观察输出信号 U_o 的波形，测算 U_o 相对于 U_i 的相位差和衰减系数。（10 分）

2. 使用运算放大器（OP07 或 LM741）设计放大电路，对上述正弦波形 U_o 进行放大，使得放大后的信号 U_{o2} 相位与 U_o 相反，幅度是原始输入波形 U_i 幅度的 1.5 倍。（20 分）

3. 选择合适的电阻和电容，搭建如图 1 所示的一阶 RC 串联网络，将 U_{o2} 作为该网络的输入信号，使 U_{o2} 衰减为 1/10。（20 分）

评分：

分项	分值	完成情况	得分
基础(1)	10分		
基础(2)	20分		
基础(3)	20分		
提高(1)	10分		
提高(2)	20分		
提高(3)	20分		

2013模电B组题　方波合成与分解电路的设计(二年级)

比赛时间：3.5小时

题目要求	测评项	A	B	C	D	参数记录
1. 设计一个正弦波产生电路，产生的正弦波V1频率不大于1kHz，峰峰值为6V。信号无明显失真	V1频率和峰峰值(20分)					
	V1 信号质量(10分)					
2. 利用信号发生器输出一个正弦波V2，其频率为V1的1/3，初始相位要求不同(图1)，V2峰峰值为12V。将V2放大，使V2峰峰值为V1的3倍	V2频率和初始峰峰值12V(20分)					
	V2放大后的峰峰值18V(10分)					
3. 将V1和V2做叠加处理，形成如图2所示的近似方波信号V3(提示，可以通过RC网络进行相位调节)	波形完成情况(20分)					
4. 将V3做滤波处理，分解出基波信号V4，调整V4使之和V2初始值相等	V4的频率和峰峰值(20分)					

近似方波(将系统原理图绘制于反面)

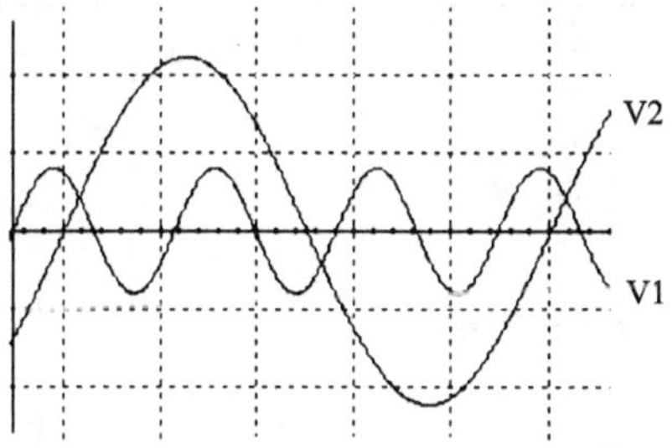

图1　V1和V2初始信号的相位关系

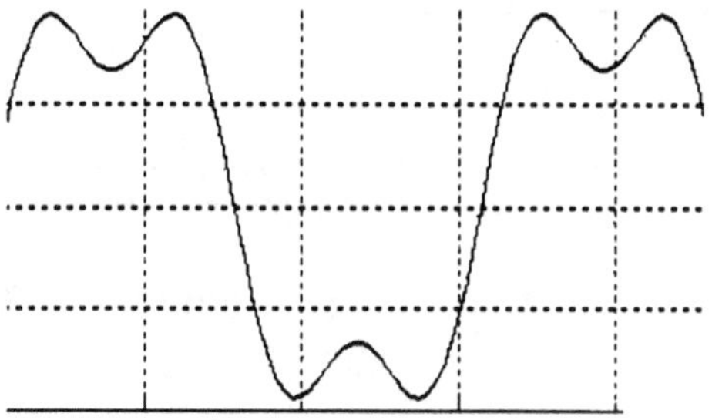

图2　近似方波图

测评标准：

A：结果准确，调试过程解说合理。B：结果基本准确，参数有稍许偏差。C：结果部分符合要求，参数偏差较大。D：严重偏离指标，或没有达到规范。

测评者签名：________________

2013 模电 C 组题　特殊波形发生器(三年级)

比赛时间：3.5 小时

题目要求	测评项	A	B	C	D	参数记录
1. 设计一个正弦波产生电路，产生的正弦波 V1 频率不大于 1kHz，峰峰值为 10V。信号无明显失真	V1 频率和峰峰值(20 分)					
	V1 信号质量(10 分)					
2. 设计一个三角波发生器，产生的三角波记为 V2，频率和幅度与 V1 相同。信号无明显失真	V2 频率和峰峰值 10V(20 分)					
	V2 信号质量(10 分)					
3. 将 V1 和 V2 做叠加处理，形成如下图所示的特殊波形 V3(提示，可以通过 RC 网络进行相位调节)。峰峰值为 10V	波形完成情况(20 分)					
4. 处理该信号，使之能够驱动 100Ω 的负载。信号无明显失真	加载 100Ω 负载频率和峰峰值是否保持 10V(20 分)					

特殊波形 V3 如下图(将系统原理图绘制于反面)，1、2 环节如不能实现，可使用信号发生器产生，此项不得分。

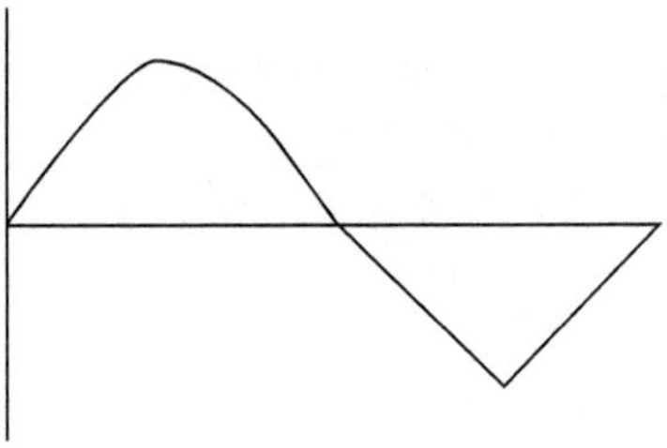

测评标准：

A：结果准确，调试过程解说合理。B：结果基本准确，参数有稍许偏差。C：结果部分符合要求，参数偏差较大。D：严重偏离指标，或没有达到规范。

测评者签名：________

B.2　2014 年决赛试题

2014 电子设计基础组(一年级)

题目：RC 桥式振荡电路的应用

比赛时间：3 小时　　总分：100 分

基本要求：(相关测试波形和数据的计算可写在试题反面或另附纸)

1. 根据要求选择合适参数的元器件(其中运算放大器如附图 B.2 所示)，搭建

RC 桥式振荡电路，产生频率为 500Hz，有效值为 5V 的正弦波信号 U_o(信号 1)。(总 35 分，若 Multisim 仿真波形调出而实际电路未调出可得 10 分)

2. 把信号 1 缩小为有效值是 500mV、频率不变、相位与信号 1 相反的正弦信号(信号 2)，搭建电路并调出波形。(总 35 分，若 Multisim 仿真波形调出而实际电路未调出可得 10 分)

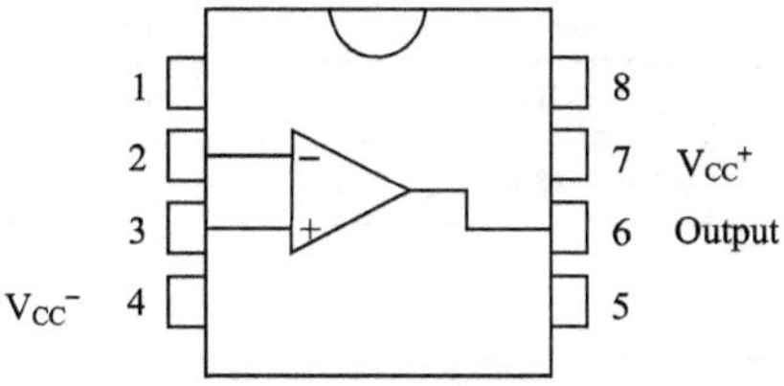

附图 B.2　OP07 或 LM741 的管脚图

提高要求：

利用电压比较器把信号 2 转化为频率不变、有效值为 3.2V 左右的方波信号(信号 3)，搭建电路并调出波形。(总 30 分，若 Multisim 仿真波形调出而实际电路未调出可得 10 分)

注意：信号源、示波器、电源的共地问题；运算放大器工作电压的调节。

评分：

分项	分值	完成情况	得分
基础(1)	35 分		
基础(2)	35 分		
提高	30 分		

<table>
<tr><th colspan="4">2014 电子设计提高组　音频传输与检测电路(高年级)
比赛时间：3 小时</th></tr>
<tr><td>题目要求</td><td>测评项</td><td>参数记录</td><td>记分</td></tr>
<tr><td rowspan="3">1. 设计一个正弦波产生电路，产生的正弦波 V1，经处理频率不大于 200Hz，峰峰值为 1V，信号无明显失真</td><td>V1 正弦波及波形质量(5 分)</td><td></td><td></td></tr>
<tr><td>V1 信号频率(10 分)</td><td></td><td></td></tr>
<tr><td>V1 信号峰峰值(10 分)</td><td></td><td></td></tr>
<tr><td rowspan="3">2. V1 经功率放大器输出 V2，驱动提供的喇叭负载，使其发声，且信号峰峰值不低于 0.8V，信号无明显失真</td><td>V2 发声质量(5 分)</td><td></td><td></td></tr>
<tr><td>V2 信号峰峰值>0.8V(10 分)</td><td></td><td></td></tr>
<tr><td>V2 正弦波质量(10 分)</td><td></td><td></td></tr>
</table>

续表

题目要求	测评项	参数记录	记分
3. 将话筒正对放置于距离喇叭10cm，并固定，设计电路，通过话筒接收声音，并将接收的信号变为峰峰值不小于5V的正弦波V3	V3 正弦波质量(10 分)		
	V3 信号峰峰值(10 分)		
4. 将V3作移相等处理成为V4，使V4与V1等幅，且同频同相	V4 信号频率(10 分)		
	V4 信号相位(10 分)		
	V4 信号峰峰值 1V(10 分)		

系统原理示意框图

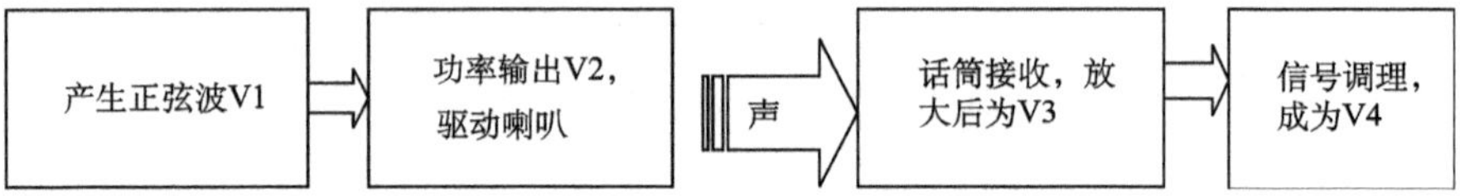

测评标准：

A：结果准确，调试过程解说合理。B：结果基本准确，参数有稍许偏差。C：结果部分符合要求，参数偏差较大。D：严重偏离指标，或没有达到规范。

测评者签名:______________

2014 单片机组试题(高年级)

题目：空调显示控制设计

比赛时间：3 小时　总分：100 分

空调是日常生活中必不可少的家用电器之一。柜式空调具有直观的操控界面，使用方便。按键设定工作参数，显示模块显示设定的信息及运行状态。本次竞赛，即利用单片机及外围电路，设计一款空调显示控制器。(硬件组成：51 单片机最小系统，键盘控制单元，6～8 位数码管单元，8 个发光二极管显示单元。)

空调显示控制设计包含以下内容：系统工作时间、房间当前温度、空调设定温度、空调运转模式、空调风量等五项信息。

评分要求：

1. (15 分)通过一个按键切换(“切换键”)数码管上显示信息，按一次，更换显示信息，更替顺序以按照上面介绍的显示内容为准，按五次为一循环显示周期。

评分项：能正确显示一项参数得 3 分，共计 5 项。　　　得分：

2. (25 分) 使用一个按键作为修改/确认键。当数码管显示某项空调信息时，按此键一次可以修改当前空调参数，可使用其他按键配合完成修改内容。修改完毕后，再按修改/确认键一次，代表确认修改。如果修改过程中，按“切换键”更改显示信息，则之前修改的内容无效，仍保留修改之前的参数。

评分项：能正确修改并保存一项参数得 4 分，共计 5 项，若只能修改参数每项 2 分。

按“切换”修改无效实现，每项参数 1 分，计 5 项。　　得分：

3. (15 分) 系统时间 24 小时制××：××格式，“：”用数码管段码 a，d 实现秒钟变化，每秒钟“：”闪动 1 次。系统上电后，系统默认时间 12：00。说明：系统时间始终有效，一直动态显示时间，每秒钟变化一次。在切换至其他显示信息时，虽不显示，但仍需计时。

评分项：能正确按格式显示时间得 5 分，能动态显示时间 5 分。切换至其他显示信息，计时仍然进行，得 5 分。　　得分：

4. (7 分) 房间当前温度，显示格式“TEP: ××”。“：”用数码管段码 a，d 表示，“××”代表温度，范围 0～40℃。系统上电后，默认温度 24℃。

评分项：能正确按格式显示温度得 4 分，上电默认温度显示正确得 3 分。

得分：

5. (7 分) 空调设定温度，显示格式“SET: ××”。“：”用数码管段码 a，d 表示，“××”代表温度，范围 0～40℃。系统上电后，默认设定温度 16℃。

评分项：能正确按格式显示设定温度得 4 分，上电默认设定温度显示正确得 3 分。　　得分：

6. (16 分) 空调运转模式，分成制冷(显示“COOL”)、制热(显示“HOT”，其中“T”用段码 a，e，f 点亮等效)和除湿(显示“DA4”)。系统上电后，默认设定制冷模式。

说明：在制冷模式下，若房间温度高于设定温度，空调运行灯常亮(用 1 个发光二极管)，低于或等于设定温度，空调运行灯灭；在制热模式下，执行过程相反。除湿模式不受任何限制。

评分项：能正确显示运转模式，每项 3 分，共计 3 项。上电默认模式显示正确 3 分。空调运行灯指示正确得 4 分。　　得分：

7. (15 分) 空调风量调节，分成三挡及循环风，使用 6 个发光二极管演示风量。LED 灯排成一行 D1、D2、D3、D4、D5、D6。动态演示规律如下，先 D3、D4 亮 T 秒，其余 4 个熄灭；再间隔 T 秒，D2、D5 亮，其余灭；又隔了 T 秒，只亮 D1、 D6；周而复始。一挡风量，间隔时间 T=2 秒。二挡风量，间隔时间 T=1 秒。三挡风量，间隔时间 T=0.5 秒。循环风，演示规律发光管由 D1 开始，从左至右间隔 1 秒循环显示。系统上电后，默认一挡风量。

评分项：能正确显示风量及出风形式，每项得 3 分，共计 4 项。上电默认风量显示正确得 3 分。　　得分：

测评人 1：
测评人 2：

B.3　2015 年决赛试题

2015 语言类编程开发组（一年级）

题目：排班表演示控制程序
比赛时间：3 小时　　总分：100 分

现有一份公司排班表，每过一段时间进行人员换班，要求通过程序设计，自动读取排班表信息，输出换班人员指示。

基本要求：

1. 编写一份具有字符打印功能的函数，可使用符号(如选用*、=、– 等)模拟数码管的显示效果(0～9、A、b、C、d、E、F、H 等)，如附图 B.3 所示。

附图 B.3　数码管的显示效果图

(1) 可以实现单个数码效果的打印。(10 分)

(2) 可以实现两位数及以上数码效果的打印。(10 分)

2. 从读取指令表，导入指令。

(1) 根据所提供排班表格式，可以从文件自动读取排班表信息。(10 分)
如不能从文件读取，此项不得分。

(2) 在屏幕上显示总的排班信息。(10 分)

3. 使用要求 1 中的打印方式，顺序执行和循环执行排班表。

(1) 按照预定时间顺序执行排班表，在屏幕上输出当前排班编号。(10 分)

(2) 在屏幕上循环执行排班表，在屏幕上循环输出当前排班编号。(10 分)

提高要求：

1. 用 VC 调用 WinIO，如附图 B.4 所示，使之能够控制 led 灯亮灭。(10 分)
2. 用 led 表示排班编号，按基础要求 3 的方式。

实现 led 灯的顺序点亮。(10 分)

实现 led 灯的循环点亮。(10 分)

3. 排班指令表中加入时间，可以获得排班表间隔控制，led 灯按时间间隔点亮。(10 分)

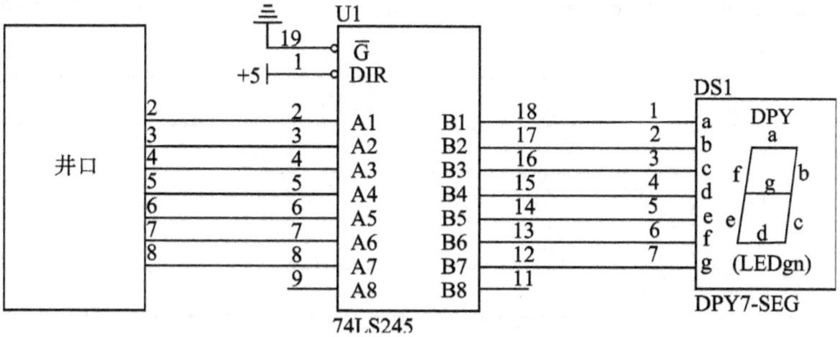

附图 B.4 WinIO 连接示意图

评分：

分项	分值	完成情况	得分
基础(1)	20 分		
基础(2)	20 分		
基础(3)	20 分		
提高(1)	10 分		
提高(2)	20 分		
提高(3)	10 分		

2015 电子电路设计组(高年级)

题目：多路精确触发延时开关电路

比赛时间：3 小时　　总分：100 分

基础零件：

555 芯片，DQ 触发器，JK 触发器，74164，uln2803，5V 转 220V 继电器(提

供 datasheet 参考）。

基本要求：

1. 根据要求选择合适参数的元器件搭建时钟电路（秒钟电路），能够进行精确的时钟分频和校准。（总 30 分）

2. 1 分钟计时，带计时复位按钮。（总 30 分）

3. 计时触发一个弱电控制强电继电器，能够实现触发控制效果。（总 20 分）

提高要求：

三路分别计时，并且区分优先级控制。（总 20 分）

注意：信号源、分频电路、计时调节电路、示波器、弱电和强电控制问题。

评分：

分项	分值	完成情况	得分
基础(1)	30 分		
基础(2)	30 分		
基础(3)	20 分		
提高	20 分		

2015 单片机开发组(不限年级)

题目：智慧农业大棚的模拟控制显示系统

比赛时间：3 小时　　总分：100 分

设计一个用于智慧农业的大棚控制电路。相关数据手册上网自行搜索下载。

要求如下：

1. 采用 51 单片机方式实现屏幕画面显示。（总 10 分）

说明：必须采用 51 系列单片机。如果自带的开发板上没有液晶显示模块，则可使用多位数码管来表示显示参数。显示不同参数时，用不同字符前缀或状态指示灯区分。内容超出一屏显示范围时，可使用按键切换显示界面。显示内容应包括温度及光照参数。

评分说明：

2. 采集温度和光照参数并显示在液晶屏幕上，并达到如下要求。（总 30 分）

说明：（1）温度测量使用 LM35。以手握温度为 25℃（3℃误差）作为设定标准进行温度标定。可能需要搭建简单的放大电路。运放提供 OP07 和 TL072。

（2）光照参数由提供的光敏电阻与固定电阻（自选）分压值确定，选择合适的电阻保证分压在 0～2.5V 内变化。光照参数(50)代表电压 1.25V。

评分说明：

3. 温度模拟恒定控制。在一定温度区间，低于温度，加热灯亮；高于温度，散热风扇运转。(总 20 分)

说明：使用两个 LED 分别代表加热灯及风扇。以手握温度时，风扇运转，否则加热灯亮。

评分说明：

4. 光照控制，光照采集＞50 时触发电机拉上遮光幕布，小于时拉开幕布。(总 10 分)

说明：使用一个 LED 代表遮光窗帘的工作，拉上遮光时，灯亮。反之则灭。

评分说明：

5. 将有动作和参数由串口输出，形成日志文件。(总 30 分)

说明：(1) 日志文件需有一定意义与格式。(20 分)

(2) 个人发挥。(10 分)

评分说明：

评委签字：

参 考 文 献

顾江，鲁宏，夏金威. 2015. 电子设计与制造实训教程. 西安：西安电子科技大学出版社

胡向东，等. 2013. 传感器与检测技术. 2 版. 北京：机械工业出版社

黄智伟. 2011. 全国大学生电子设计竞赛技能训练. 北京：北京航空航天大学出版社

康华光. 2002. 电子技术基础 模拟部分. 5 版. 北京：高等教育出版社

普拉特. 2011. 身边的电子学: 36 个有趣的电子小实验. 尹华杰，王莲，译. 北京：人民邮电出版社

杨欣，王玉凤，刘湘黔，等. 2010. 电子设计从零开始. 2 版. 北京：清华大学出版社

周润景，托平，贾雯. 2015. OrCAD & PADS 高速电路板设计与仿真. 3 版. 北京：电子工业出版社

https://baike.baidu.com

http://dasai. lanqiao. cn/dasai/index. html

http://jsedu. eefocus. com

http://www. 21ic. com

http://www. alldatasheet. com

http://www. baidu. com

http://www. china. ican-contest. org. cn

http://www. jsrobotmatch. com

http://www. mouser. cn

http://www. nuedc. com. cn

http://www. rcccaa. org

http://www. smartcar. au. tsinghua. edu. cn

http://www. taobao. com

http://www. ti. com. cn

https://www.wikipedia.org